Doumi DJEKAOUSSEM

Aumônerie, service régulateur des activités sanitaires évangéliques

Doumi DJEKAOUSSEM

Aumônerie, service régulateur des activités sanitaires évangéliques

Éditions Croix du Salut

Imprint
Any brand names and product names mentioned in this book are subject to trademark, brand or patent protection and are trademarks or registered trademarks of their respective holders. The use of brand names, product names, common names, trade names, product descriptions etc. even without a particular marking in this work is in no way to be construed to mean that such names may be regarded as unrestricted in respect of trademark and brand protection legislation and could thus be used by anyone.

Cover image: www.ingimage.com

Publisher:
Éditions Croix du Salut
is a trademark of
Dodo Books Indian Ocean Ltd. and OmniScriptum S.R.L publishing group

120 High Road, East Finchley, London, N2 9ED, United Kingdom
Str. Armeneasca 28/1, office 1, Chisinau MD-2012, Republic of Moldova, Europe
Printed at: see last page
ISBN: 978-620-6-16821-8

Sujet : aumônerie, service régulateur des activités sanitaires évangéliques

Résumé :

L'aumônerie, service régulateur dans les œuvres sanitaires missionnaires et évangéliques en Afrique est abordée dans cet article. Cet article est orienté dans l'aumônerie des œuvres sanitaires de l'Eglise Evangélique du Tchad (EET). Le résultat de l'étude révèle que le service a joué un rôle prépondérant durant une bonne période de l'existence des œuvres et son influence a considérablement baissé ces dernières années. Cependant l'espoir n'est pas totalement perdu. Parce que la quasi-totalité des interviewés désirent le voir reconstruit en vue de reprendre la place qui est la sienne dans les œuvres sanitaires évangéliques.

Summary :

Chaplaincy, a regulating service in missionary and evangelical health work in Africa, is discussed in this article. This article is oriented in the chaplaincy of the health works of the Evangelical Church of Chad (EET). The result of the study reveals that the service played a preponderant role during a good period of the existence of the works and its influence has considerably decreased in recent years. However, hope is not totally lost. Because almost all interviewees want to see it rebuilt in order to take the place that is his in the evangelical health works.

Mots clés : aumônerie, régulateur, activités, sanitaires, évangéliques

Auteur : DJEKAOUSSEM Doumi titulaire de la Licence en Théologie à l'Ecole Supérieure de Théologie Evangélique Shalom au Tchad (ESTES) en 2000 et de Maîtrise en Théologie Pratique dans le système belge appelé (Licence) à l'Université Shalom de Bunia (USB) en République Démocratique de Congo (RDC) en 2009. Docteur en Théologie Pratique/ Diaconat à l'Institut Universitaire de Développement International du Cameroun en 2019. A obtenu trois certificats en formations de base et en méthodologie en pastoral clinique, actuellement superviseur en formation en aumônerie

Auteur de quelques essais littéraires :

1. Les œuvres sanitaires dans l'Eglise Evangélique en quête d'adoption (publié en France aux éditions universitaires européennes)
2. L'aumônier efficace : le rôle de l'aumônier dans les œuvres médicales
3. L'Eglise au chevet des malades
4. Les aspects pratiques de la cure d'âme
5. Le chrétien dans le monde de la santé

A. Objet-Introduction

L'Eglise, dans sa lutte contre la pauvreté et les maladies, initie les projets de développements et des œuvres médicales pour nourrir et soigner les pauvres. Les œuvres médicales de l'Eglise, pour soutenir, encourager et accompagner le personnel soignant et les malades, crée le service d'aumônerie en plus des services techniques. Les objectifs et les tâches de ce service spirituel sont définis pour lui permettre d'accomplir ses tâches. En Afrique, les aumôniers jouent leur rôle dans un contexte social, religieux et culturel spécifiquement remarquable qu'il faille en tenir compte lorsqu'on cherche à implanter l'aumônerie et à y engager les agents de la pastorale. Ce contexte devient encore plus spécifique quand on va d'un pays africain à un autre. Le Tchad ne fait pas exception de cette règle. Ce pays a en son sein des hôpitaux confessionnels, surtout des hôpitaux des Eglises catholiques et évangéliques qui développent l'accompagnement spirituel et pastoral des malades. Cet article a comme cible l'aumônerie des œuvres médicales de l'Eglise Évangélique du Tchad, qui sont les fruits de la prière intense des missionnaires et premiers responsables de l'Eglise: « Si vous êtes d'accord avec moi, nous allons prier pour que Dieu envoie un médecin parmi nous à Bébalem. Sachez que notre prière peut durer plusieurs années. Mais nous persévérerons jusqu'à ce qu'un médecin vienne établir un hôpital à Bébalem. Ainsi, nous n'aurons plus besoin d'évacuer tous nos malades ailleurs » (Nadjitam, 2013, p 9). L'article vise à comprendre la place que les responsables de l'Eglise, le personnel soignant et les aumôniers accordent à l'aumônerie. La question est de savoir, quelle place les responsables, le personnel soignant et les aumôniers accordent-ils à l'aumônerie ? Peut-on encore parler de nos jours de l'aumônerie comme service régulateur des autres services dans les œuvres médicales évangéliques ?

B. Matériel et méthode

a. *Matériel*

Le cadre de notre recherche se situe dans les œuvres sanitaires de l'Eglise Evangélique du Tchad où fonctionne l'aumônerie. Ces œuvres sont composées d'un centre hospitalier, d'une école de santé implantés au sud du pays dans le Logone Occidental, précisément dans le département de Ngourkosso et de 47 centres de santé repartis dans tout le pays. Pour ce travail précis, nous avons retenu deux aumôneries ; l'aumônerie du centre hospitalier de Bébalem et l'aumônerie de l'Ecole de Santé de l'Eglise Evangélique du Tchad. Ces deux institutions sont implantées dans le département de Ngourgosso comme souligné ci-dessus.

Situation géographique et activités de la population

Le pays Ngambaye dans son ensemble englobe la totalité de la région du Logone occidental et les zones de Gagal dans le Mayo-Kébbi Ouest et du département de Bébedjia dans la région du Logone oriental. Il couvre un territoire de 110 000 km2 (Dingamtoudji, 2006). Ngourkosso est l'un des quatre (4) départements de la région administrative du Logone Occidental, base des Ngambaye du Tchad. Il a une superficie de 2040 km2. Situé en pleine brousse et très enclavé, Bénoye son chef-lieu est à 63 km de Moundou, chef-lieu de la région dont il dépend.

Sa population est de 157 142 habitants selon le RGPH de 2009. La population de Ngourkosso vit essentiellement de l'agriculture, d'un peu d'élevage, de la pêche et de la cueillette. Ces activités se font totalement de manière traditionnelle et archaïque.

L'inégale répartition de la population dans la région du Logone Occidental a contribué énormément à l'accélération de la dégradation des sols notamment dans le département de Ngourkosso. La densité de la population est la plus forte de toute la région mais aussi du pays entier. Pour pallier à ce déséquilibre démographique, l'administration coloniale a favorisé le peuplement de l'Ouest de la région administrative par le système de paysannats. Ces paysannats avaient pour objectifs spécifique le soulagement de la région orientale (département de Ngourkosso) de Moundou de son surpeuplement, tout en encourageant le transfert volontaire des familles vers la partie occidentale de la Région du Logone. Ce fut le cas du paysannat de Badei à une cinquantaine de kilomètre de Moundou (M'bai-neel S, 2003).

D'après un rapport de l'administration coloniale, à une époque assez récente, toute la région sauf la zone soumise aux inondations périodiques, était couverte de forêt tropicale. Tous les cours d'eau donnaient naissance à des zones forestières assez larges. Elles étaient reliées et ne laissaient que des flots de savane dans des terres pauvres et sèches. Avec la très forte pression démographique, les forêts-galeries ont laissé place aux cultures vivrières. Les zones boisées se sont ainsi rétrécies.

Organisation sociale des Ngambaye de Ngourkosso

Comme dans toute la région administrative (Logone Occidental), la population de Ngourkosso est très homogène, Elle parle la même langue, le Ngambaye. La société ngambaye n'est pas très hiérarchisée comme dans les autres régions du pays. Les populations Ngambayes ne constituent pas de vastes unités politiques. Les Ngambayes dans leur ensemble sont unis par la langue, la coutume et les croyances ancestrales (*op.cit.* Dingamtoudji, 2006). L'autorité du chef est reconnue de tous mais pas très absolue et héréditaire. Quant à la structure familiale, son chef, c'est-à-dire le père a un pouvoir absolu sur sa/ses femmes et ses enfants. La division sexuelle et sociale du travail est la règle à l'image de l'organisation ethnique de la société.

b. *Méthode*

La méthode employée pour ce travail est la méthode qualitative basée sur l'entretien semi-direct. L'entretien semi-directif ou l'entrevue semi dirigée est une technique de collecte de données qui contribue au développement de connaissances favorisant des approches qualitatives (Imbert, G. (2010). Comparativement à d'autres méthodes, « L'entretien semi-directif est une technique qualitative de recueil d'informations permettant de centrer le discours des personnes interrogées autour de thèmes définis préalablement et consignés dans un guide d'entretien » (Fiche technique Euroval 2010).

« Dans cette optique d'une relation la plus naturelle possible, nous posons le choix des entretiens individuels semi-directs : cela pourra aussi éviter le sentiment de directivité qui induirait la passivité, ou d'intrusion qui provoquerait des résistances. » (Lerebours, 2008, p.56). Après avoir préparé le guide d'entretien, nous l'avons testé auprès de deux anciens aumôniers du centre hospitalier de Bébalem et de deux corps soignants dont l'un retraité et l'autre en fonction au centre de santé évangélique de N'Djamena. Ce travail nous a aidés à apporter d'amélioration au guide d'entretien que nous avons formulé. Nous avons ensuite arrêté le nombre de personnes à interviewer. Nous avons ciblé 15 personnes dont 5 aumôniers, anciens comme nouveaux aumôniers confondus, 5 responsables d'Eglise de la deuxième génération à l'actuelle génération et 5 membres du personnel administratif des œuvres médicales évangéliques. Nous avons établi un critère simple qui a guidé ce choix de gens à interroger. Il consiste à choisir des personnes qui ont vécu les premiers temps des œuvres médicales et qui ont suivi le fonctionnement de l'aumônerie dans le passé et trouver celles de nouvelle génération afin de les écouter sur leurs différentes expériences vécues en lien avec l'aumônerie des œuvres sanitaires de l'Eglise Evangélique du Tchad. Cette démarche nous permet de comprendre les connaissances des uns et des autres sur l'aumônerie et de l'importance qu'ils lui accordent.

En plus de cette méthode, nous nous sommes mis à faire de recherches documentaires. Nous en avons jugé important car aucun travail scientifique ne peut être construit de nos jours uniquement sur les données du terrain. Les archives, les rapports d'activités de ces aumôneries nous ont été utiles. Nous avons aussi consulté quelques livres et articles écrits sur l'aumônerie en général et sur l'accompagnement pastoral et spirituel dans le milieu hospitalier en particulier.

c. *Revue de littérature*

Plusieurs auteurs se sont penchés sur le sujet de l'aumônerie. Les auteurs tels que, Auque Hubert et Levain Claude ont écrit sur la Rencontre à l'hôpital, l'aumônerie en questions.Ces auteurs traitent les pratiques d'aumôniers et d'aumôneries. Ils rendent aussi compte d'une approche et d'une conception de l'aumônerie qui doit prendre en compte le dialogue interreligieux. L'ouvrage insiste aussi sur la formation des acteurs d'aumônerie, bénévoles et professionnalisme du bénévolat. Le livre a abordé un aspect important de la responsabilité de l'Eglise dans ses œuvres sanitaires, le service d'aumônerie. Pierre-Yves Brandt et Jacques Besson (2016) quant à eux, mettent l'accent sur la spiritualité en milieu hospitalier. Ces auteurs, avant de présenter les résultats de plusieurs études sur l'accompagnement spirituel dans le temps et dans l'espace, ont décrit trois modèles d'insertion de la spiritualité dans des institutions de soins à savoir l'hôpital confessionnel, l'institution étatique qui intègre le travail d'aumôniers en son sein et l'institution qui accueille les aumôniers envoyés de l'extérieur par leurs églises. Les trois types d'organisation de travail spirituel ont également trois différentes manières de collaborer avec les formations hospitalières. Ils présentent aussi dans leur livre les différents résultats des différentes études menées auprès de malades et des personnels des hôpitaux sur l'intégration de la dimension religieuse et spirituelle dans divers contextes hospitaliers et sur le domaine de soins palliatifs. Habib S. KAANICHE (2005) est le troisième auteur qui nous a intéressés avec son livre intitulé l'accompagnement spirituel en milieu hospitalier. L'auteur s'intéresse particulièrement à l'impact de l'accompagnement spirituel sur le patient. Celui-ci étant accompagné, peut changer sa vision du monde et entretenir des nouvelles relations avec son entourage et avec Dieu. Pour lui, les accompagnants ne sont pas forcément les aumôniers mais toute personne qui a la capacité spirituelle qui lui permet de trouver le patient sur son chemin et de l'accompagner sur son chemin en allant avec lui où il veut aller. Charles Nicolas aborde l'accompagnement pastoral de malades et des mourants. Selon cet auteur, qui dit l'accompagnement pastoral dit l'accompagnement des chrétiens malades, cet accompagnement ne concerne pas automatiquement les non-chrétiens. En touchant le service de diaconat dans l'Eglise, il insiste que les premiers bénéficiaires des aides sociales sont les pauvres de l'Eglise et non les autres (Les Cahiers de l'Ecole Pastorale du 3e trimestre 2012 N°85, p29). Stanley M.Hauerwas propose une approche chrétienne de l'accompagnement des handicapés physiques et mentaux. Pour lui, « les handicapés mentaux, les pauvres, les malades sont des expressions intenses de l'appel que Dieu adresse à chaque homme à travers les autres. Dieu nous appelle à regarder l'autre comme important parce que chacun de nous existe en lui, chacun de nous est don de Dieu à l'autre » (les Cahiers de l'Ecole Pastorale Hors-série N°10). Stuart LUBROCK se penche sur l'onction aux malades en décrivant le parcours historique de cette pratique par l'Eglise depuis le IIIe siècle jusqu'à nos jours. D'après lui, l'onction est un acte de grâce qu'on doit accorder systématiquement à tous les malades et il en a établi une liturgie (les cahiers de l'Ecole pastorale 4e trimestre 2011 N°82, p20). Thierry Seewald a développé l'accueil des personnes handicapées mentales en mettant l'accent particulier sur les enfants qui ont des handicapes à la naissance. Ces enfants ont leur place dans l'Eglise et on doit les aimer comme Jésus a aimé les enfants et les suivre dans chaque étape de leur croissance (Les Cahiers de l'Ecole Pastorale 2016 du 1e semestre N°99, p41). Bernard Martin (1963) se focalise sur le développement de l'aumônerie au sein des hôpitaux par l'Eglise comme réponses aux besoins vitaux des malades. Il souligne que le service d'aumônerie est service délicat que tout pasteur n'est pas appelé à exercer. Il mentionne également dans son livre, les différents types de malades que l'aumônier va rencontrer sur son chemin à l'hôpital. Djekaoussem(2009) s'est préoccupé de la place de l'aumônerie dans les œuvres médicales évangéliques en prenant pour appui l'aumônerie du Centre Médical de Nyankunde en République Démocratique du Congo. C'est une étude évaluative menée sur cette aumônerie. L'étude a relevé les forces et les faiblesses de cette entité qui est au service des malades et du personnel depuis la création dudit Centre.

En effet ces quelques auteurs que nous avons lus ont pris en compte d'une manière ou d'une autre les préoccupations qui sont les nôtres. Cependant il convient de relever que beaucoup d'aspects de travail et de l'organisation d'aumônerie développés par les auteurs susmentionnés sont orientés dans de leurs contextes culturels et religieux bien divers. La plupart des auteurs sont européens et qu'on contacte peu d'ouvrages ou articles écrits par les Africains sur ce service si important. Ce besoin reste un vide qui n'est pas totalement comblé en Afrique. C'est pourquoi nous nous rejoignons à tous qui développent ce ministère et qui explorent ce champ en Afrique pour jeter le jalon par ce petit article en abordant un aspect de ce ministère en formulant le titre de l'article de la manière suivante : « aumônerie, service régulateur des activités sanitaires évangéliques ». Ainsi, le résultat de la recherche nous mettra plus en contact avec la réalité du terrain.

C. Résultats

Prise en charge de l'homme dans sa globalité comme objectif visé

La prise en charge intégrale de l'homme tel est l'objectif fixé pour les œuvres sanitaires de l'EET. Notre souci ici, consiste à découvrir les objectifs qui sont fixés aux œuvres sanitaires et qui peuvent motiver l'organisation de l'aumônerie en leur sein. La plupart des responsables de l'Eglise interrogés reconnaissent que les œuvres sanitaires évangéliques ont double objectif, le soin de l'âme et le soin de corps ou la prise en charge globale de l'homme : corps, âme et esprit. Cet objectif fut poursuivi par les missionnaires pionniers et leurs successeurs : « Les Ngambais de Béladja nous approchaient, commençaient à nous aider dans certains travaux, à apprendre la Parole de Dieu et à nous demander de soigner les plaies et les autres maladies dont ils souffraient » (Veary : 2014, p50). Une des personnes interrogées fait savoir que « les missionnaires qui ont incarné l'objectif que les œuvres sanitaires missionnaires et évangéliques se sont fixé sont Veary et Dr Geffe.[1]» Il poursuit ses idées en affirmant que « Dr Geffe soignait et évangélisait[2]. » Le travail médical et le travail spirituel sont

[1] Information tirée du Résultat d'entretien.
[2]Ibid.

deux maillons d'une même chaîne dans l'Eglise Evangélique d'après les serviteurs de Dieu interrogés.

Certains membres du personnel administratif interrogés soulignent que le but de la création des œuvres médicales par la mission et Eglise, consiste à « Témoigner l'amour de Dieu, améliorer les conditions de vie de la population, approcher les gens de la Parole de Dieu, » d'autres pensent que « Les objectifs que la mission s'est fixés pour créer les œuvres sanitaires : c'est prendre soin de tout l'homme c'est-à-dire prendre soin du corps, de l'esprit et de l'âme, l'homme dans sa tri dimension. » « C'est aussi un moyen par lequel, on fait passer l'évangile, » d'autres encore trouvent que l'initiative que la mission et l'Eglise ont prise pour créer les œuvres médicales « est une œuvre utile pour la nation tchadienne et la communauté proche. »

« Les objectifs que l'Eglise s'est fixés sont le développement holistique de l'homme, du témoignage chrétien à travers les soins auprès de patients » renchérit un autre enquêté. Les responsables gérants des activités des œuvres sanitaires au quotidien selon leurs déclarations sont presque unanimes sur les objectifs des œuvres sanitaires avec quelques nuances près. Ce qui reste à savoir si ces responsables concilient cette connaissance théorique des objectifs à leurs actes posés quotidiennement dans les services !

Les aumôniers que nous avons interrogés sont composés des aumôniers retraités et de ceux qui sont en fonction. En répondant à la question de savoir pour quels objectifs les œuvres médicales sont initiées, les aumôniers de la première génération disent que le but principal des œuvres médicales missionnaires et évangéliques consiste à atteindre les gens par l'Evangile. C'est pour cette raison que les missionnaires furent envoyés au Tchad. Donc toutes les activités missionnaires sont orientées vers ce but. Le soin du corps est la deuxième manche du but de ces œuvres. L'un des aumôniers de cette génération affirme que c'est atteindre cet objectif que les premiers infirmiers sont formés dans l'institut biblique avant de recevoir la formation médicale.

Selon lui, chaque matin à l'hôpital, un culte de courte durée est organisé à l'intention des malades et gardes malades dans le hall de l'hôpital.

La jeune génération des aumôniers confirme aussi les faits lorsqu'elle dit : « le culte organisé à l'attention des malades se poursuit jusqu'à nos jours même si le personnel actuel n'est pas actif dans le témoignage chrétien ».

L'importance de l'aumônerie et les activités de l'aumônerie

Abordant la question de l'organisation de l'aumônerie, un des anciens médecins missionnaires répond : « Nous avons demandé à l'Eglise de donner un pasteur pour le travail auprès de malades et l'Eglise nous a affecté Etienne Ndoko qui était à la fin de la formation biblique. Il a fait un travail impeccable en collaboration avec les autres pasteurs affectés pour la même cause ».

Les femmes de médecins expatriés ont contribué à l'efficacité de ce service. « L'une d'elles témoigne qu'au temps de premiers aumôniers, en cas d'un décès d'un malade venant de loin à l'hôpital, les responsables organisent systématiquement le déplacement de corps. Nous les femmes de médecins, qui savons conduire, avons conduit les corps, en accompagnant les aumôniers. Il arrivait que nous fassions ce travail la nuit. C'est ainsi qu'un jour j'ai fait embourber le véhicule dans le sable sur la route de Boumou[3] ». Elle ajoute : « il a fallu l'intervention de Dieu et le secours de l'aumônier Ndoko pour que le véhicule soit sorti du sable ».

La femme médecin qui ne connaît pas grand-chose sur le passé des œuvres sanitaires au sujet de l'organisation de l'aumônerie déclare ceci : « j'ai écouté qu'il y avait plusieurs aumôniers dans le passé à l'hôpital de Bébalem, maintenant le service d'aumônerie n'est pas important pour l'Eglise ».

L'aumônerie était bien présente dans les œuvres sanitaires créées par les missionnaires. Le besoin d'avoir des aumôniers pour l'hôpital évangélique était exprimé par les missionnaires eux-mêmes. Et l'accord a été donné par l'Eglise en mettant à la disposition de l'hôpital des pasteurs.

[3]Un village situé entre 4 à 5 kilomètres de l'hôpital missionnaire.

Les responsables administratifs des Institutions sanitaires de l'Eglise confirment que l'aumônerie est organisée au sein de ces Institutions. L'un des administrateurs fait constater ce qui suit :

« En 2010, l'Eglise a mis en place un service qu'on appelle l'aumônerie générale qui s'occupait des activités spirituelles dans toutes les œuvres sanitaires. L'aumônier en ce temps organisait les formations à l'attention des aumôniers et conseillers spirituels des œuvres sanitaires et sensibiliser les responsables et chrétiens à s'approprier les œuvres sanitaires et les amener à considérer les ressources spirituelles comme premières ressources des œuvres sanitaires. Mais ce service a été abandonné par l'Eglise en 2013 ».

Les aumôniers interrogés, rappellent les pratiques de missionnaires et de l'Eglise dans le domaine de l'aumônerie. Les premiers missionnaires qui travaillaient comme médecins ont demandé à l'Eglise de recommander quelques pasteurs formés à l'Ecole Biblique en Langue au Centre Hospitalier de Bébalem pour pouvoir s'occuper du personnel et des malades. C'était une demande accordée. Et sous l'illumination du Saint-Esprit, ces serviteurs de Dieu ont mené à bien leur mission.

Cependant, ce service a commencé à sombrer sous le poids de la crise qui a frappé les œuvres sanitaires. Il y a eu même un moment aucun aumônier à l'hôpital de Bébalem qui avait au moins deux aumôniers en son sein pendant la bonne période de sa vie. « De 2000 à 2006, le centre hospitalier de Bébalem était resté sans aumônier. Il a cessé d'accueillir les serviteurs de Dieu faute de ressources financières[4]. Vers la fin de l'année 2006, un jeune aumônier formé à l'Ecole Biblique Supérieure fut affecté dans ce centre hospitalier, dès lors ce service ne manque pas des hommes de Dieu. L'aumônerie était au point de reprendre son envol ».

Dans la quasi-totalité des réponses apportées au cours des entretiens avec les responsables de l'Eglise et les deux autres catégories des responsables, aucune personne n'a ignoré la présence de ce service spirituel dans les formations sanitaires

[4]Les observations personnelles faites lors de notre ministère pastoral à l'Ecole de santé de l'EET de 2004 à 2007.

de l'Eglise. Son organisation était si simple mais solide. Certains disent : « L'Eglise organisait les pasteurs pour prêcher, les femmes pour nettoyer la cour du centre et donner d'assistance morale aux endeuillés ». D'autres soulignent que « L'aumônerie n'est pas bien organisée, les aumôniers ne sont pas formés. L'Eglise ne se prend pas bien pour l'organisation de l'aumônerie

D'autres encore mentionnent que « La Mission et l'Eglise avaient mis en place une aumônerie efficace qui a impacté la vie du personnel et des malades même si les aumôniers n'avaient pas eu une formation spéciale. Ces aumôniers étaient hommes de foi. Cette aumônerie a foiré de nos jours ».

De nos jours l'aumônerie des œuvres sanitaires de l'EET va tant bien que mal. Elle est dirigée parfois par les hommes de Dieu qui n'ont pas le don pour ce service spécifique. Cette situation a poussé un des enquêtés à réagir en ce terme : « j'ai écouté qu'il y avait plusieurs aumôniers dans le passé à l'hôpital de Bébalem, maintenant le service d'aumônerie n'est pas important pour l'Eglise[5]. » Le souci majeur des interviewés est de voir ce service se développer de manière à influencer toute la vie des œuvres sanitaires. Selon eux, l'aumônerie doit occuper la première place dans les structures sanitaires pour donner l'occasion aux autres services de garder le cap sur le témoignage chrétien. Effort sans lequel, les structures sanitaires demeureront faibles spirituellement.

D. Discussions

Il ressort de ces résultats deux points importants. Le premier point repose sur la collaboration entre la mission et l'Eglise dans le choix des aumôniers et dans l'organisation de l'aumônerie hospitalière. Orientés par l'Esprit de Dieu, les responsables de mission et de l'Eglise-avaient réussi dans le passé à mettre sur pied un service d'aumônerie qui a pu influencer la vie du personnel et des malades. Le second point porte sur le changement intervenu dans la vie de l'aumônerie. La crise qu'ont

[5]Ibid.

connue les œuvres sanitaires ont porté un coup dur à l'aumônerie. Celle-ci a perdu sa stabilité. La tentative de son redressement est restée sans succès jusqu'à présent comme l'a déclaré un des enquêtés :

En 2010, l'Eglise a mis en place un service qu'on appelle l'aumônerie générale qui s'occupait des activités spirituelles dans toutes les œuvres sanitaires. L'aumônier en ce temps organisait les formations à l'attention des aumôniers et conseillers spirituels des œuvres sanitaires et sensibiliser les responsables et chrétiens à s'approprier les œuvres sanitaires et les amener à considérer les ressources spirituelles comme premières ressources des œuvres sanitaires. Mais ce service a été abandonné par l'Eglise en 2013.

Les enquêtés, qu'ils soient du côté des responsables d'Eglise ou du côté du personnel cadre des œuvres sanitaires ou encore du côté des aumôniers, reconnaissent que les missionnaires ont initié les œuvres sanitaires pour deux objectifs : le soin du corps et celui de l'âme même si certains d'entre eux font de déclarations différentes comme celles-ci : « les œuvres sont une œuvre utile pour la nation tchadienne et la communauté proche », « atteindre les gens par l'Evangile »,« Les objectifs que l'Eglise s'est fixés sont le développement holistique de l'homme, du témoignage chrétien à travers les soins auprès de patients ». Ces variantes n'affectent pas tellement les idées convergentes développées autour des objectifs compris par les uns et les autres. On constate qu'au début, l'un des objectifs, l'évangélisation, prime sur l'autre qui est le soin de l'âme. Le soin du corps est souvent utilisé comme moyen pour attirer les gens vers l'écoute de la parole de Dieu. Beaucoup de moyens tant humains, matériels que financiers sont déployés dans ce sens.Il est normal que le travail spirituel puisse bien marcher en ce temps là. Mais cet engouement a progressivement baissé à travers les années pour atteindre le niveau faible du témoigne chrétien de nos jours. Théoriquement, l'idée d'atteindre les personnes qui fréquentent les formations sanitaires de l'Eglise avec l'évangile est bien présente dans l'esprit des responsables d'Eglise, du personnel mais on n'y emploie plus les mêmes moyens comme dans le passé. Comme les activités d'évangélisation ne sont qu'une priorité en théorie de nos jours, l'aumônerie au sein des œuvres sanitaires a des difficultés pour fonctionner, pour ce faire, elle ne peut pas jouer correctement son rôle pour être un service régulateur des autres services techniques mis en place dans les Institutions de santé de l'Eglise. La baisse d'intérêt pour l'évangélisation dans les œuvres sanitaire est due au moins à deux raisons. La première raison vient de relâchement des responsables de l'Eglise qui se voient écartés des œuvres par le personnel cadre qui les gère actuellement: « On sent une séparation entre Eglise et œuvres sanitaires, l'Eglise pense que les œuvres sanitaires sont les choses des autres » déclare un enquêté. La deuxième raison est liée au refroidissement spirituel généralisé dans les œuvres :

La santé des œuvres sanitaires est mitigée, spirituellement, il ya un refroidissement général dans la foi ; sur le plan matériel le constat est le même à l'exception de quelques rares centres de santé qui fonctionnent assez bien. Mais dans la grande famille des œuvres sanitaires, on constate des difficultés matérielles et financières réelles. La crise financière qui a frappé le monde, frappe aussi les œuvres sanitaires de l'Eglise.

Les œuvres sanitaires de l'EET sont malades, d'une manière générale, le personnel ne respecte pas les normes spirituelles. Les cas de vol, d'adultère et trahison y sont enregistrés. Du sommet stratégique jusqu'à la base opérationnelle il y a la crise. Le témoignage chrétien pose problème. Sur le plan matériel, pas de transparence, il y a mauvaise gestion de matériels. Sur le plan financier, le guichetier de l'hôpital vient d'être renvoyé. Beaucoup de détournements d'argent. 900000 francs ont disparu.

L'insuffisance de rigueur dans le choix des membres du personnel et dans la pratique de la discipline d'une part, le relâchement de l'Eglise dans la formation de nouveaux membres du personnel et dans le suivi des activités des œuvres sanitaires d'autre part ont causé énormément de tort à ces œuvres. En effet, les nouveaux membres du personnel ne sont pas formés par l'Eglise mais sont recrutés à partir de l'étude des dossiers. Ceux-ci ne se sont pas souvent préparés à s'intégrer dans la vision des œuvres et à poursuivre leurs objectifs. On constate que l'ancienne génération du personnel est frappée par la limite d'âge et fait place à la nouvelle génération qui n'a pas la même motivation dans les activités spirituelles. C'est un fait qui continue à menacer dangereusement les Institutions de l'Eglise et les met devant plusieurs défis. Si l'Eglise arrivera redresser la situation de ses œuvres, quel statut lui accordera ? Ces œuvres demeureront elles des instruments d'évangélisation à travers le soin du corps ? Si oui comment pourra t-elle se prendre pour justifier ses actions contre les débats en cours sur l'instrumentalisation des hôpitaux comme moyens de prosélytisme ? L'argument selon lequel, « la tâche des hôpitaux chrétiens est la prise en charge globale de l'être humain » serait-il solide pour justifier ses actions dans le monde de la santé ? Ce sont les importantes questions auxquelles l'Eglise en Afrique pendant qu'elle construit ou reconstruit ses œuvres médicales, est appelée à répondre.

La deuxième partie de notre étude concerne l'importance et l'organisation de l'aumônerie au sein des œuvres sanitaires. Les résultats des différents entretiens que nous avons eus ont montré que la mission, l'Eglise et le personnel ont apporté un secours considérable à l'aumônerie pendant un certain nombre de temps. Missionnaires, pasteurs nationaux et personnel s'y sont impliqués. Ce qui faisait de l'aumônerie un service régulateur.A ces propos Justin Danga fait remarquer que « l'aumônerie est une pièce maîtresse de du Centre Médical Evangélique de Nyankunde.» Elle est reconnue comme centre de toute activité de l'œuvre médicale. Elle était un service phare de dans la vie de l'œuvre sanitaire. Elle fut reconnue comme le premier département du Centre Médical de Nyankunde et y joue un rôle important. Pour engager quelqu'un au travail, ou le discipliner ou nommer une personne à un poste de responsabilité, on passait toujours par l'aumônerie. (Djekaoussem, 2009, p43).

Cependant, ce service perd son éclat de nos jours dans la plupart des œuvres médicales missionnaires en général et en particulier dans celles de l'Eglise Evangélique du Tchad pour plusieurs raisons. Celles qui sont fondamentales sont des difficultés matérielles et financières mais aussi l'influence de certains partenaires. En effet pour les difficultés matérielles, les Administrateurs et Gestionnaires de ces œuvres avancent souvent comme argument le manque de ressources pour repousser ou refuser l'affectation d'un serviteur de Dieu dans les institutions de l'Eglise créées pour le témoignage chrétien. En ce qui concerne l'influence des partenaires,les autorités sanitaires de l'Etat qui supervisent les œuvres sanitaires évangéliques, ne veulent pas voir les aumôniers être payés par les ressources des centres de santé. Disent-elles, les aumôniers ne contribuent pas au recouvrement de coût dans les œuvres sanitaires évangéliques. L'apport de l'Etat dans le domaine technique est à considérer comme tel par l'Eglise. Cependant pour résoudre le problème soulevé par les autorités sanitaires en lien avec le salaire de l'aumônier, l'Eglise doit disposer des moyens nécessaires afin de faire fonctionner les activités de l'aumônerie et payer le salaire de l'agent.

Le service d'aumônerie est un service vital dans les formations sanitaires de l'Eglise. Pour ce faire, l'Eglise doit minutieusement choisir les serviteurs de Dieu qui vont y servir. « La première manifestation de l'intérêt que porte l'Eglise à ses malades réside dans le fait qu'elle délègue un certain nombre de ses pasteurs et de ses auxiliaires dans les hôpitaux et cliniques afin d'y accomplir un ministère indispensable de cure d'âme. Ce qui pose au premier chef la question du choix de ces aumôniers » (Martin, 1963, p258). L'Eglise doit s'appuyer sur le Saint-Esprit pour opérer le choix des pasteurs qui répondent aux exigences du ministère d'aumônerie. « Elle doit par conséquent aussi offrir une formation pertinente et pointue, adaptée à ce type de service comme le clining pastoral training (cpt)[6] ». Ce ministère demande le don et la préparation du serviteur qui va servir les malades et le personnel soignant. Si l'Eglise Evangélique du Tchad va avoir certains de ses pasteurs qui sont efficaces pour ce ministère, elle peut référer quelques-uns lors de la formation biblique et théologique. Elle doit collaborer avec les institutions de formation de pasteurs afin de découvrir les étudiants qui ont à cœur le travail pastoral en milieu médical, ceux qui sont prêts à entretenir de relations avec les malades, leur entourage et avec le personnel soignant. Ainsi, lorsque le besoin se fait sentir, l'Eglise peut disposer des serviteurs de Dieu bien préparés pour la moisson du Maître au milieu hospitalier.

[6]Jean-Claude, Schwab. Suggestions faites à travers les e-mails pour l'amélioration de cet article.

E. Conclusions

La réflexion que nous venons de mener porte sur le sujet : « aumônerie, service régulateur des activités sanitaires évangéliques ».L'étude est focalisée sur l'aumônerie dans les œuvres médicales issues des activités missionnaires en Afrique, l'exemple de l'aumônerie des œuvres médicales dans l'Eglise Evangélique du Tchad. L'organisation de ladite aumônerie est liée au mobile qui a poussé les missionnaires à initier les œuvres à savoir la prise en charge globale de l'être humain. Selon le résultat de la recherche, la plupart des personnes interrogées affirment ce but. « Les objectifs que la mission s'est fixés pour créer les œuvres sanitaires : c'est prendre soin de tout l'homme c'est-à-dire prendre soin du corps, de l'esprit et de l'âme, l'homme dans sa tri dimension. » Après la création des œuvres sanitaires, le service d'aumônerie est mis en place et a constitué un service régulateur des activités médicales de la mission et de l'Eglise pendant une bonne période de temps. Cependant cette aumônerie a sombré à cause de la crise institutionnelle dans laquelle sont plongées les œuvres médicales dans l'Eglise Evangélique du Tchad. Dès lors l'aumônerie perd sa place au sein de ces œuvres. Néanmoins, l'espoir n'est pas complètement perdu pour le fait que la quasi-totalité de personnes interrogées souhaitent voir l'aumônerie reprendre sa première place dans lesdites œuvres. Mais comment l'Eglise peut-elle se prendre avec ses partenaires missionnaires pour reconstruire ce service afin de lui donner la place stratégique tant souhaitée dans les œuvres sanitaires évangéliques ?

Le chrétien dans le monde de la santé

Introduction

Le titre de ce livret vient de notre préoccupation en tant que pasteur qui aime le monde de la santé. Qui veut tenir compagnie des malades, encourager et soutenir le personnel médical et paramédical dans ses efforts de soulager le souffrant et de l'assister dans les derniers moments de sa vie. La réflexion que nous allons mener va être orientée vers tous les chrétiens qui exercent leur ministère dans les œuvres sanitaires publiques ou privées. C'est aussi à dessein que nous utilisons le terme ministère car tout chrétien est appelé à servir Dieu partout où il mène ses activités. Le chrétien, disciple du Seigneur Jésus Christ[7] « est un homme éclairé par la grâce divine, qui est convaincu de la dépravation du cœur humain et de l'incapacité de ses œuvres pour obtenir le salut. Il se confie entièrement à Jésus-Christ et se soumet à l'action du Saint-Esprit pour la régénération de son âme. Ses pensées et ses affections sont ainsi élevées au dessus de des choses de ce monde, son caractère transformé pour qu'il glorifie désormais le Dieu qui s'est révélé à lui par une conduite digne de son appel. Il est appelé « le sel de la terre » Mt 5 : 13, « la lumière du monde », Mt5 : 14-16, « le temple de Dieu », 1 Cor 3 : 16.[8] Il peut exercer ses activités selon sa profession dans un milieu qui correspond à cette profession. C'est un monde dans lequel il sert ses semblables. Il s'agit du monde qui renferme les êtres humains créés à l'image de Dieu. C'est l'humanité que Dieu aime et voudrait sauver. Comme il est dit : « Dieu a tant aimé le monde qu'il a donné son Fils unique........ »[9]Donc un (e) chrétien (e) dans le monde de la santé est un disciple de Jésus dont sa profession le conduit à servir les malades et collaborer avec les autres qui ont le même travail que lui ou elle dans une structure de santé .

« A l'évidence, le monde de la santé est un lieu clé pour les questions de sens aujourd'hui. C'est un lieu où se brisent les velléités de maîtrise, de toute puissance, un

[7] Nouveau Dictionnaire Biblique révisé et augmenté
[8] REISDORF – REECE, Frank Encyclopédie biblique, cité par GADMADJI Daniel. Jeunesse Chrétienne face à l'immoralité (sd, sm, 2003), 25.
[9] Nouveau Dictionnaire Biblique révisé et augmenté.

lieu où l'homme se confronte à la finitude. En ce sens, il joue le rôle de miroir de la société ambiante, une sorte d'envers du décor où se déploie beaucoup de compétences techniques mais aussi des trésors d'humanité, de gratuité et de don. »

Nous entendons par monde de la santé, les différentes structures de santés telles que les hôpitaux, les centres de santé et les écoles de formation en santé, etc. Ainsi, le chrétien dans le monde de la santé est tout (e) chrétien (ne) qui travaille dans une des structures sanitaires susmentionnées. C'est celui qui, par sa profession intervient pour secourir son semblable en mauvais état de santé physique et spirituel. Il est aussi celui qui apprend à répondre aux questions, « pourquoi suis-je sur la terre ?[10] » Pourquoi je vis encore sur la terre ? Pourquoi suis-je placé(e) dans une structure de santé ?

Le but de cet ouvrage est de continuer à soutenir l'effort des chrétiens qui exercent leur ministère dans les hôpitaux, les centres santé, les écoles de santé, etc. pour leur permettre d'être prêts à témoigner leur foi et rendre témoignage de Jésus-Christ à travers leur service. Nous voudrions également par cet outil, solliciter le concours d'autres serviteurs de Dieu à se joindre à ceux qui voient dans les œuvres sanitaires, des champs prêts à moissonner. Dans les lignes qui suivent, nous allons faire la description du monde de la santé, ensuite évoquer les privilèges et les opportunités du chrétien dans le monde de la santé, tout en soulignant des obstacles ou pièges qui se dressent devant lui pouvant l'empêcher d'accomplir la volonté de Dieu. Enfin nous développerons quelques valeurs que l'enfant de Dieu dans le monde de la santé doit chercher à s'approprier pour être sel de la terre et lumière du monde.

I. La Description Du Monde De La Santé

Pour permettre aux lecteurs non habitués de comprendre ce qui sera dit après, nous voulons commencer notre réflexion par la description du monde de la santé. Cette

[10] Rick WARREN. Une vie motivée par l'essentiel: pourquoi suis-je sur terre (Lake Forest, Purpose Driven, 2006), 15.

description ne sera pas en détail puisse qu'elle n'est pas notre objectif principal. Elle se portera sur l'hôpital, le centre de santé et les formations de santé.

A. L'hôpital

L'hôpital a reçu deux définitions de l'Organisation mondiale de la santé (OMS). La première est très pratique : « l'établissement desservi de façon permanente par au moins un médecin assurant aux malades, outre hébergement, les soins médicaux et infirmiers ». L'autre définition décrit la fonction que l'hôpital devrait assumer : « l'hôpital est l'élément d'une organisation de caractère médical et social dont la fonction consiste à assurer à la population les soins médicaux complets, curatifs et préventifs, et dont les service extérieurs irradient jusqu'à la cellule familiale considérée dans son milieu, c'est aussi un centre d'enseignement de la médecine et de la recherche bio sociale. »

L'hôpital joue actuellement un rôle considérable, grâce à deux facteurs dont le développement est irréversible : le progrès de sciences médicales qui impose la concentration du personnel qualifié et des équipements spécialisés des institutions de haute technicité d'une part, la facilité des communications qui va de pair avec l'urbanisation d'autre part. Le système hospitalier doit donc être rendu accessible à toutes les classes sociales et couvrir l'étendue géographique où vit la population. Cet impératif entraîne la création des complexes hospitaliers constitués d'un certain nombre d'établissements hiérarchisés judicieusement repartis sur le territoire et étroitement coordonnés. L'étude statistique des différentes maladies et les conditions d'efficience optimale de nombre de lits de chaque service spécialisé, ainsi que l'utilisation des hôpitaux pour l'enseignement médical et la recherche conduisent à considérer que la région « de un à trois millions d'habitants » constitue un cadre adéquat pour un réseau hospitalier coordonné. [11] Cette description touche les

---

[11] Robert-Frédéric BRIDGMAN, « **HÔPITAL** », *Encyclopædia Universalis* [en ligne], consulté le 3 novembre 2014. URL : http://www.universalis.fr/encyclopedie/hopital/

préoccupations de l'OMS qui consistent à voir les hôpitaux dans le monde se développer dans le but d'aider les populations qui sont exposés à toute sorte des problèmes de santé. Mais beaucoup d'hôpitaux en Afrique sont loin d'atteindre ces objectifs. Ils sont confrontés à des problèmes d'ordre personnel qualifié, matériel et financier. Néanmoins presque tous les hôpitaux en Afrique peuvent avoir chacun un médecin et personnel paramédical qui œuvrent pour la santé de la population africaine.

En outre ces informations, ajoutons que l'hôpital est un cadre qui amène les humains à réfléchir à leur destinée finale. Car les personnes qui fréquentent ces lieux sont perturbés dans leur fort intérieur et cherchent une guérison ou un soulagement. L'hôpital n'est pas le seul cadre de soins, il y a aussi le centre de santé.

B. Le centre de santé

L'expression « centre de santé » recouvre toutefois les réalités différentes selon les pays, voire à l'intérieur d'un même pays dans des contextes différents. D'une manière générale, elle sert à désigner des services de soins ambulatoires, par opposition aux établissements hospitaliers. Cependant, il existe des différences considérables entre les centres de santé quant à leurs objectifs, à leurs fonctions, à leur dotation en personnel et à leur structure administrative.[12] Dans les pays industrialisés riches, les centres de santé intégrés sont ordinairement bien dotés en médecins ainsi qu'en personnel paramédical. Dans les pays moyennement développés, les centres de santé possèdent généralement au moins un médecin, secondé par des infirmières et par le personnel d'autres catégories. Dans les plus pauvres des pays en voie de développement, on ne trouve dans la plupart des centres de santé du personnel auxiliaire ; les centres s'insèrent parfois dans une structure régionale coiffée par un centre principal doté d'un médecin, mais les soins curatifs et préventifs sont dispensés par du personnel auxiliaire. Toutefois, quel que soit le niveau économique des pays considérés, on observe une tendance générale à l'élargissement du rôle des centres de santé primaire,

[12]MILTON. I ROEMER. Evaluation des centres de santé. http://www.universalis.fr/encyclopedie/hopital/3-l-organisation-hospitaliere-contemporaine/

dans lesquels le malade peut directement et commodément bénéficier des soins ambulatoires tant préventifs que curatifs.

Ainsi, un centre de santé intégré est normalement à même d'assurer les services de base suivants :

1) Services des préventifs personnels, tels que vaccinations, examens périodiques,

dépistages systématiques et conseils individuels en matière de santé ;

2) traitement complet d'affections bénignes ;
3) Traitement initial d'affections graves ou complexes, et acheminement de malade sur une polyclinique ou un hôpital où il recevra des soins complets ;
4) Visites domiciliaire d'hygiène ou pour soins à malades alités ;
5) Services préventifs externes (éducation sanitaire et hygiène du milieu). Ces derniers

services peuvent prendre des formes très diverses. Dans le meilleur de cas, ils doivent englober ce que le Professeur Sidney. L Kark appelle « la protection sanitaire orientée vers la collectivité », c'est-à-dire : a) promotion de santé orientée vers la collectivité ; b) collaboration à des compagnes massives de lutte contre la maladie ; et c) surveillance épidémiologique générale. Les hôpitaux et les centres de santé ne peuvent pas exister sans personnels qualifiés. Pour qu'il ait ces personnels qualifiés, il faut des écoles de formations. C'est pourquoi nous allons nous intéresser maintenant à ces structures de formation des agents de santé.

C. Les écoles de formations des agents de santé

Nous préférons l'appellation « écoles de formations des agents de santé » car ces institutions comportent les facultés de médecine et les écoles de formation du personnel paramédical.

L'expression « école de médecine » s'applique à tous les établissements d'enseignement supérieur (ou niveau universitaire) offrant un programme prescrit d'études médicales. Les noms que peuvent porter ces établissements varient d'un pays à l'autre et même au sein d'un même pays. On peut citer à titre d'exemples : faculté de médecine, faculté mixe de médecine et de pharmacie, académie de médecine, centre universitaire des sciences de la santé, etc.

L'Ecole de santé publique quant à elle, est une Institution dotée de ressources appropriées qui, indépendamment qu'elle entreprend et des services qu'elle fournit à la collectivité dans le domaine de la santé publique, organise, à l'intention des membres du corps médical et professions apparentées désireux d'obtenir un titre en santé publique, un programme d'études à plein temps qui s'étendant, au minimum, une année universitaire ou ayant une durée équivalente, et portant sur des matières indispensables à la compréhension des divers problèmes de santé publique ainsi sur les concepts, l'organisation et les méthodes qu'exige leur solution.

Cette définition, adoptée par Comité OMS d'experts a été retenue par un autre Comité d'experts ; celui-ci a cependant relevé que : « Une Ecole de santé publique doit être considérée comme une entité fonctionnelle ayant pour objectif principal de donner une formation, générale ou spécialisée, en santé publique aux membres des professions de la santé ou d'autres professions qui en ont besoin. Il convient que, parmi les cours offerts, figure un cours de base conduisant à un titre de niveau post-supérieur en santé publique. Les écoles de santé publiques peuvent en outre assumer des responsabilités en matière de recherche et fournir des services directs ou consultatifs à la collectivité.». En plus des Ecoles de formations de niveau universitaire, on note les Ecoles qui offrent aux jeunes la formation dont la fin d'études est sanctionnée par divers diplômes. Il s'agit des Infirmiers et Sages femmes diplômés d'Etat, des agents techniques de santé[13]. Il convient de faire remarquer que nous n'avons pas totalement maîtrise du monde de la santé car cela n'est pas notre domaine. Donc nous demandons l'indulgence de tous ceux qui sont du domaine qui liront ce manuel. Ce milieu sanitaire

[13] Ces appellations sont courantes au Tchad

que nous venons de décrire, renferme des embauches ou des dangers sur lesquels nous voulons attirer l'attention de tous les chrétiens qui ont la responsabilité d'y témoigner le Christ et leur foi.

II. Les Embuches sur le chemin du chrétien dans le monde de santé

Une embûche est un obstacle ou une difficulté pouvant faire échouer un projet. Elle est aussi une entreprise secrète destinée à mettre quelqu'un dans une situation difficile ou dangereuse. C'est un piège. Le chrétien dans le monde de la santé doit chercher à découvrir ces pièges afin de les éviter pour lui permettre d'atteindre son but. Plusieurs passages de la Bible nous mettent en garde contre ces pièges. Elles sont plusieurs cependant nous allons mentionner quelques unes ici.

LES BIENS FINANCIERS ET MATERIELS

Un adage populaire dit : « l'argent est un bon serviteur et un mauvais maître ». Le chemin du chrétien dans le monde de la santé est piégé par le désire de s'enrichir. De nos jours, la majorité de personnes qui exercent un métier dans des secteurs publics ou privés se cachent derrière cette déclaration polluée « les avantages du métier » pour cautionner, pratiquer et entretenir la corruption dans leur service. On se rend compte que non seulement les païens mais aussi les enfants de Dieu sont spécialistes de corruption, de détournement des biens publics, etc. Pour la plupart des cas, les travailleurs ne comptent que sur le « profit » afin de construire des maisons, faire étudier leurs enfants, acheter de moyens roulants et donner de cadeaux aux amis, à la belle famille, etc. Arrivé au travail, bon nombre des employés cherchent à mettre en place un plan qui leur permet de gagner de l'argent ou un matériel de valeur malhonnêtement. Nous voudrions bien illustrer cette affirmation par deux cas :

Le premier cas remonte en 1995. Ce cas s'est déroulé dans un chantier de construction des immeubles. Nous étions plusieurs manœuvres dans ce chantier. C'était ma fois de travailler dans un grand chantier comme celui-là. Chaque jour pendant le temps de pause qui dure une heure, Un grand nombre de manœuvres ramassent de fers et de sacs de ciment pour vendre aux gens qui viennent des quartiers. Un jour les membres de notre équipe se sont entendus pour détourner les sacs de ciment pendant que nous étions allés pour prendre un verre du thé. Après avoir vendu les sacs, ils se sont partagé l'argent tout en laissant notre part. Lorsque nous sommes revenus auprès de l'équipe, le chef nous a tendu cet argent tout en expliquant la source. Nous leur avons dit sèchement que nous ne prenons pas cet argent. Cela a suscité de haine contre notre personnalité. Nous disons sans exagération que cette pratique est courante dans plusieurs chantiers de constructions de routes ou de bâtiments dans nos pays africains pour ne pas dire dans notre pays, le Tchad.

Le deuxième cas concerne un agent de santé qui a escroqué un garde malade en prenant de l'argent de sa main contre un médicament qui revient de droit à son malade. Chaque année les chrétiens sont renvoyés des œuvres sanitaires des églises pour avoir volé de l'argent ou de matériels. Le chrétien n'est pas à l'abri de la tentation qui consiste à piller, voler, détourner, escroquer et pratiquer la corruption. Certains agents pourront se poser de question : que dit-on des malades qui, en guise de reconnaissance, donnent volontairement de cadeaux aux corps soignants ? Nous demandons aux agents à l'intention de qui cette offre est faite d'user de discernement. Souvent les malades ou les gardes malades font ces cadeaux pour attirer l'attention des soignants sur eux. Ces cadeaux peuvent constituer une source de corruption. Cela risque d'empêcher l'infirmier ou la sage femme de faire son travail d'une manière impartiale. C'est pour mettre ses enfants à l'abri de la tentation que Dieu a donné cet avertissement : « Tu ne recevras point des présent ; car les présents aveuglent ceux qui ont les yeux ouverts et corrompent les paroles des justes. »

Avant de prendre un cadeau de la main d'un malade ou d'un garde malade, il faut avant tout voir la situation économique de celui-ci. Car la plupart des malades qui se rendent dans les structures sanitaires pour se faire soigner, sont pauvres et ne sont pas souvent en mesure de régler leurs factures liées aux soins reçus. Comment pourrons-nous encore accepter d'augmenter leurs difficultés ? Certains agents demandent même ouvertement les biens matériels avec les malades. Cela nous rappelle ce qui s'est passé lors de la naissance de notre deuxième fille. Quand les sages femmes qui ont accouché ma femme savent que je suis un serviteur de Dieu, elles ont inventé une formule qui convient aux pasteurs pour me demander quelque chose. Une d'elles s'est approchée de moi pour dire ceci : « Comme le père de la fille est pasteur, on veut qu'il partage ses offrandes avec nous ». Si c'est avec un homme de Dieu que ces sages femmes ont le courage de lui demander de l'argent, imaginez quelle sera leur attitude à l'égard des hommes qui ne le sont pas !

Un chrétien qui se donne au vol, à la corruption, au détournement et qui est enclin aux cadeaux, ne peut pas être un témoin de Jésus-Christ dans le monde de la santé. Il est un disciple disqualifié. Il est un serviteur qui ne sait pas faire fructifier ses talents et dons qui lui sont accordés par le Maître. Il est plutôt préoccupé par ses propres intérêts et non par ceux du Seigneur qui l'envoie dans le monde de la santé en mission. Comme Jésus a dit : « La paix soit avec vous! Comme le père m'a envoyé, moi aussi je vous envoie» (Jn 20 : 21). Jésus ne s'adresse pas seulement à ses premiers disciples, il s'adresse ici à tous ses disciples de toutes les générations. Et le monde de chaque disciple, c'est là où il vit, il travaille, etc. Jésus pourrait dire aux médecins, infirmiers et sages femmes chrétiens comme « le père m'a envoyé », je vous envoie parmi les malades. Parce que c'est là leur monde. Pour mieux porter le flambeau de Dieu le personnel médical et paramédical chrétien doit chercher à se dépouiller des choses qui l'empêcheront d'être efficace dans le témoignage chrétien. L'apôtre Paul fait cette recommandation aux chrétiens : « Faites toutes choses sans murmures ni hésitations, afin que vous soyez irréprochables et purs, des enfants de Dieu irrépréhensibles au milieu d'une génération perverse et corrompue, parmi laquelle vous brillez comme des flambeaux dans le monde » (Ph 2 : 14-15). Lorsque le chrétien ne considère pas cette recommandation, il ne peut pas être un bon témoin de Jésus-Christ dans le monde de la santé. De nos jours certains cautionnent de près ou de loin des avortements provoqués à cause d'un montant d'argent insignifiant. Les biens matériels ne sont pas les seuls problèmes du chrétien dans le monde de la santé. Il doit être aussi prudent vis-à-vis du sexe opposé.

LE RAPPORT SEXUEL EXTRACONJUGAL

Le rapport extraconjugal est une des embûches qui fait perdre la crédibilité de bon nombre des chrétiens dans le monde de la santé. Le fait que les patients ont beaucoup de respect aux personnels de la santé, ils ont du mal à repousser une avance faite par un médecin ou un autre corps soignant. Quand une patiente par exemple vient pour consulter un médecin, elle est prête à obéir à ses ordres. Si le médecin lui demande de se déshabiller, elle va exécuter. Si le médecin décide de toucher ses parties intimes mêmes, elle peut aussi le permettre. Si les actes que le médecin pose viennent d'une pensée pure, ils sont compréhensibles mais si ces actes deviennent de caresses pour exciter la femme au rapport sexuel, ils sont condamnés. On constate que certains agents de santé profitent de cette faiblesse due à la maladie pour coucher avec les malades, choses qui sont condamnées par la déontologie sanitaire et la Parole de Dieu. Les malades sont souvent en position de faiblesse. Ne connaissant pas leurs droits, ils subissent les torts liés au sexe. Certaines malades sont de nature faible et sont très sensibles aux touchers et aux caresses. C'est pourquoi le chrétien qui veut vivre sa foi dans le monde la santé, doit être prudent lors qu'il est en face d'une personne de sexe opposé. Comme nous l'avons dit à propos de biens matériels, plusieurs infirmiers, sages femmes et médecins qui travaillent dans les œuvres sanitaires des dénominations chrétiennes sont mis sous discipline ou renvoyés du ministère à cause de fornication ou d'adultère. Le diable connaît les cotés faibles de chaque serviteur et servante de Dieu. Et quand il veut l'attaquer, il passe par ces cotés faibles. La plupart de nous sont attirés quand ils sont face d'une personne de sexe opposé d'une certaine beauté. Ce sont les chrétiens dans le monde la santé qui sont plus exposé à cela car, ils sont en contact régulier avec les personnes des sexes opposés. Beaucoup de rumeurs courent que des agents de santé couchent avec les malades ou gardes malades au lieu de travail. Lorsque j'étais aumônier à l'Ecole de santé de ma dénomination, certaines de mes étudiantes témoignent que lors qu'elles sont envoyées comme stagiaires dans les centres de santé, quelques membres du personnel cherchent à abuser d'elles. Qui sait si quelques unes qui ont de faiblesses sont victimes de rapports sexuels. Le sexe est presque banalisé dans le monde de la santé. Il n'ya pas de pudeur dans le langage de certains agents de santé pour le fait que certains cours comme l'anatomie et l'obstétrique dévoilent tout sur l'être humain. Le chrétien doit marquer la différence dans son langage. Car selon ce qui est écrit : « Que l'inconduite, toute forme d'impureté, ou la cupidité ne soient pas même mentionnées parmi vous, comme il convient à des saints ; pas de grossièretés, pas de propos insensés, pas de bouffonneries, cela est malséant ; mais plutôt des actions de grâces. Car, sachez-le bien, aucun débauché, impur ou cupide, c'est-à-dire idolâtre, n'a d'héritage dans le royaume du Christ et de Dieu » (Eph5 : 3-5). Si nous sommes ambassadeurs de Christ dans le monde de la santé, la Parole de Dieu doit être notre guide. Nous devons écouter le Saint-Esprit. Etant conduit par le Saint-Esprit, nous ne pouvons pas accomplir les désirs de la chair. On sera mis à l'abri de l'Orgueil.

L'ORGUEIL

L'Orgueil est un des maux qui peut constituer un obstacle devant le chrétien dans le monde de la santé.

L'orgueil se définit comme le sentiment exagéré de sa valeur personnelle[14]. Elle se manifeste de différentes manières. On peut sentir l'orgueil dans l'attitude de la personne. Celle-ci minimise tout le temps le travail exécuté, si la personne est un médecin, elle peut se mettre à annuler toutes les prescriptions des autres médecins sans un partage préalable avec eux. Ces pratiques se répètent malgré les multiples reproches faits à l'endroit de la personne. Si c'est un infirmier ou une sage femme, il ou elle n'a pas confiance aux autres et accepte difficilement les instructions de ses supérieurs. Une telle personne irrite tout le temps ses collaborateurs en créant souvent des mésententes

[14] Dicos encarta

dans son équipe de travail. Elle n'est pas souvent prête à reconnaître ses faiblesses, elle pense que ce sont les autres qui ont de problèmes avec elle et qu'ils ne l'aiment alors que c'est elle-même qui est « le problème des autres ». Quelqu'un a fait remarquer que si nous sommes dans un groupe et que nous pensons que tout le monde a des problèmes avec nous, cela veut dire que c'est nous qui avons des problèmes avec tout le monde dans le groupe. Parce qu'il est rare que les gens décident unanimement de ne pas aimer un membre de l'équipe à moins que cela soit sur une base raciste ou ethnocentriste.

Les titres « médecin, technicien supérieur, maître, infirmier ou sage femme diplômés d'Etat) risquent de nous pousser à l'orgueil malgré on est conscient qu'on est limité après tout.

Le corps soignant chrétien qui reconnaît que c'est par la grâce de Dieu qu'il est devenu ce qu'il est et peut aider les malades à recouvrer la santé par l'aide de Dieu, peut éviter de tomber dans les pièges de l'Ennemi. Les enseignements bibliques suivants nous mettent en garde contre l'orgueil :

L'orgueil séduit le cœur. Jérémie 49:16 endurcit l'esprit Daniel 5:20 excite des querelles Proverbes 13:10 précède la chute et la ruine. Proverbes 16:18; Jérémie 50:32

- L'orgueil procède du cœur mauvais de l'homme. Luc 1:51

Dieu résiste aux orgueilleux, mais il fait grâce aux humbles Proverbes 3:34 (cité Jacques 4:6; 1 Pierre 5:5).

L'amour ne se vante pas. 1 Corinthiens 13:4 la vantardise est au contraire une marque des faux docteurs 1 Timothée 6:4

- Paul dénonce l'orgueil comme une caractéristique et une cause de leur incrédulité: ils ont la Loi, les promesses divines et la justice par les oeuvres.

L'Evangile au contraire exclut toute raison de s'enorgueillir Romains 3:27 le salut étant un pur don de la grâce Ephésiens 2:5; 1 Corinthiens 1:26-31; Romains 4:1-2 c'est pourquoi la majorité des Juifs ne l'acceptent pas. Romains 9:30-10:4

- Les prophètes s'élevèrent contre les nations païennes qui pensaient avec arrogance avoir gagné leurs victoires elles-mêmes tout autant que contre la présomption individuelle. Esaïe 10:12-15; 23:8; 25:11; Ezéchiel 28:2-10,17

Leur sentiment d'exaltation se traduisait par de l'arrogance, du mépris, de l'insolence, des prétentions, des oeuvres vaines Jérémie 48:29 de la provocation Jérémie 50:29 (etc.)

Mais les prophètes s'attaquèrent également à Juda et à Israël qui comptaient plus sur leurs forces militaires que sur la protection de Dieu.

Dans Amos 6:8, « l'orgueil de Jacob » et ses « donjons » sont l'objet de l'horreur de l'Eternel ainsi que de son jugement (cf. Ezéchiel 24:21 où le temple même est devenu le symbole de l'auto-suffisance de l'homme). L'orgueil est proche de la révolte contre Dieu. Sophonie 3:11

Il refuse d'entendre lorsque l'Eternel parle Jérémie 13:9,15-17 comme il refuse de subir ses corrections. Esaïe 9:8-10,13

- Les Psaumes et les livres sapientiaux font souvent référence à l'orgueil ou à la fierté; l'orgueilleux nie l'existence de Dieu Psaumes 10:4 il préfère se tourner vers les partisans du mensonge. Psaumes 40:5

Dans ces livres, l'orgueil est assimilé à la méchanceté et à l'injustice Job 40:11; Psaumes 94:2-7; Proverbes 21:3 il est opposé à la sagesse Proverbes 8:12 à la patience Ecclésiaste 7:8 et à l'humilité. Proverbes 11:2 (cf Jacques 4:6; 1 Pierre 5:5)

L'homme orgueilleux calomnie le juste. Psaumes 31:19; 59:13

Satisfait de ses richesses Psaumes 123:4 il est l'opposé du pauvre qui baisse les yeux Job 22:29; Proverbes 16:19; 29:23

- Comme dans l'A.T., le N.T. associe l'orgueil à d'autres vices.

Dans Marc 7:22, il apparaît à côté de l'envie, du blasphème et de la folie. Dans 2 Timothée 3:2, les hommes orgueilleux sont aussi égoïstes, amis de l'argent, blasphémateurs, sacrilèges, etc. Dans 1 Jean 2:16, l'orgueil de la vie (possessions, statut social) va de pair avec la convoitise.

- Les personnes fières offensent Dieu par leur propre estime, elles offensent les autres et elles s'illusionnent sur elles-mêmes. L'illusion peut aller jusqu'au point où quelqu'un s'imagine être invulnérable. Abdias 1:3

Mais Dieu châtie l'orgueil comme il convient: « Quand tu prendrais de la hauteur, tel un aigle, quand ton nid serait placé parmi les étoiles, je t'en précipiterai, oracle de l'Eternel ». Abdias 1:4

La Parole de Dieu a dit clairement qu'il résiste aux orgueilleux et fait grâce aux humbles

CONFLIT ENTRE LE PERSONNEL MEDICAL ET PARAMEDICAL

Les conflits apparaissent sous plusieurs formes ; Ici on s'intéresse uniquement au conflit interpersonnel; celui ci est à étudier sous deux dimensions :

tout d'abord sa typologie : Deutsch, en 1973, dans ses travaux personnels, présentent **six sortes de conflits :**

Le vrai conflit ou deux activités sont nettement en opposition et ou un moyen terme ne peut être trouvé à moins d'un compromis entre les parties ;

Le conflit contingent qui est dépendant de certaines circonstances pas encore reconnues par les belligérants.

Le conflit déplacé ou les deux parties se disputent sur des points qui ne sont pas les vrais points de discorde.

Le conflit exprimé qui est le conflit manifeste alors qu'il existe un conflit caché.

Le conflit mal attribué qui est un entre les mauvaises personnes.

Le conflit latent ou l'objet du conflit n'a pas encore été identifié.

Le deuxième axe d'étude, après sa typologie, est la **cause** des conflits.

Conflits sur les données :

Problème lié à la qualité des informations, leur véracité, leur insuffisance et surtout a la compréhension que chaque partie en fait.

Conflits sur les valeurs :

Les conflits de valeur divisent fréquemment les individus ; Nationalité différente, cultures différentes, croyances différentes engendrent des attitudes souvent antagonistes ; Les styles de vie divergent et la cohabitation en est de plus en plus difficile. Comme vous avez pu lire plus haut l'hôpital n'échappe pas à cette règle !

Conflits d'intérêts

Basés sur la compétition réelle ou perçue ou encore sur des divergences liées au contenu ou aux procédures. Ces conflits donnent lieu à des positions rigides de la part des acteurs du conflit.

Conflits de type relationnel :

Les individus sont là liés par des relations intimes à haut pouvoir émotionnel qui les empêche de voir les éléments de solution du litige.

Conflit structurel

Ils ont trait à une distribution inégale des ressources ou encore à un déséquilibre des pouvoirs ; les contraintes de temps et les contraintes géographiques rentrent aussi en ligne de compte.

Chaque conflit rencontré doit être analysé sous ces deux dimensions en sachant que plusieurs causes et plusieurs types peuvent s'entremêler et inter-agir ensemble.

L'essentiel à savoir est que le conflit ne se résout pas dans les faits mais dans le ressenti, il est nécessaire qu'il y ait une reconnaissance des émotions mutuelles[15].

---

[15] Christine BIRON, Gestion qualitative des relations humaines en Anesthésie : Gestion de conflit et Médiation. Consulté le 11 Mars 2016. Disponible en ligne

Le chrétien qui veut être le vrai témoin de Jésus dans le monde de la santé, doit considérer ce que l'apôtre Paul a enseigné aux philippiens :

S'il y a donc quelque consolation en Christ, s'il y a quelque encouragement dans l'amour, s'il y a quelque communion de l'Esprit, s'il y a quelque compassion et quelque miséricorde, mettez le comble à ma joie afin d'avoir une même pensée ; ayez un même amour, une même âme, une seule pensée ; ne faites rien par rivalité ou par vaine gloire, mais dans l'humilité, estimez les autres supérieurs à vous-mêmes. Que chacun de vous, au lieu de considérer ses propres intérêts, considère aussi ceux des autres. (Phi 2 : 1-4).

L'intérêt égoïste et la veine gloire sont souvent à l'origine de conflits dans les lieux de travail. Il convient aux chrétiens d'appliquer les prescriptions de l'apôtre. S'adressant aux romains, il donne ce conseil « S'il est possible, autant que cela dépend de vous, soyez en paix avec tous les hommes. » Cela veut dire que si les gens ne décident pas eux-mêmes de nous tourner le dos, nous devons faire tout pour être en paix avec tous.

L'INCONPENTANCE PROFESSIONNELLE

L'incompétence professionnelle est le manque de maitrise de la profession dans laquelle on s'engage. De nos jours, les malades n'ont pas confiance en des corps soignants pour le fait qu'ils constatent que bon nombre des agents de santé sont incompétents. Les lacunes sont exposées au vu et au su de tout le monde. Nous avons écouté un ami dont sa femme est enceinte dire : « de nos jours, les hommes préfèrent laisser leurs épouses accoucher à la maison à cause de l'incompétence de sages femmes. » Cet ami n'aura pas raison s'il laisse sa femme à la maison pour accoucher mais il a pu dire haut ce que les autres disent bas. Le médecin ou l'infirmier chrétien incompétent ne peut pas attirer les malades pour leur dégager l'odeur de Christ.

---

http://www.hugge.ch/sites/interhug/files/structures/direction_des_soins/documents/rapp_mediation_christine_b.pdf

Ce chrétien est appelé à apprendre humblement avec les autres et continuer à se perfectionner pour être à la hauteur de sa tâche.

Ces pratiquent le disquali titre que es Nous nous rappelons

S'il tombe dans ce piége remonte

III. La force du chrétien dans le monde de la santé

Développer la relation personnelle avec son Dieu

Développer la communion avec ceux qui invoquent le Seigneur d'un cœur sincère

Veiller sur ses points faibles

Développer les valeurs chrétiennes fondamentales dans sa vie

Avoir l'ardent désir d'accomplir le grand mandat

« Quand les hommes se repentent de leurs péchés et de ceux de leur peuple et que, dans la foi, ils renoncent à ces puissances, Dieu a une base pour agir. (...) Car, dans le pays où, nous chrétiens, nous vivons, nous sommes les intendants de Dieu. Si nous n'exerçons pas humblement notre autorité, la nation va dégringoler de plus en plus ».[16]

[16] Pris de document « Aide – Conseils pour pasteurs & responsables

Eglise évangélique du Tchad No 7 Kelo

Retraite des anciens et responsables de mouvements

Thème d'enseignement : paroisse diaconale

Orateur : Pasteur Djekaoussem Doumi

Le diaconat constitue un maillon important dans le fonctionnement d'une communauté qui renferme les enfants de Dieu. Ce mot est dérivé d'un verbe grec qui signifie servir et soigner. Il prend son origine dans les actes des apôtres. C'est dans ce livre qu'il est fait mention pour la première fois, d'hommes ordonnés pur le service de leurs frères. Le diacre est alors un homme choisi par les chrétiens et qui, après l'imposition des mains par l'un des apôtres, est appelé à s'occuper de plus démunis de la communauté. Rapidement les diacres seront appelés à gérer les biens matériels de l'Eglise naissante. Ainsi, furent désignés selon les écritures, les sept premiers diacres de l'Eglise primitive[17].

Le diaconat est une fonction du diacre. Il est un service à rendre à l'autre. Celui-ci est le prochain à l'intention de qui, Dieu nous demande de manifester notre amour profond. Ce service n'est pas seulement réservé à un groupe des diacres désignés dans une église locale. Mais doit s'étendre à tous les membres d'une paroisse. Ceux-ci doivent exercer une portion du service selon le don qu'il reçoit du Seigneur. C'est dans cette perspective qu'on parle de la paroisse diaconale. Il est un fruit qui demande à être consommé par tous les membres d'une église locale. Cependant, force est de constater que le sens du diaconat qui touche la contribution de tous les membres d'une communauté, tel que susmentionné n'est pas souvent compris dans certaines églises en Afrique, surtout au Tchad et plus particulièrement dans notre dénomination, l'Eglise Evangélique du Tchad. Dans ce travail, notre effort consiste à écrire un rapport sur la paroisse diaconale en tenant compte de notre propre contexte. Les réflexions qui constituent les bases bibliques doivent être orientées vers les réalités pratiques. Dans les lignes qui suivent, nous allons tenter de mener notre réflexion suivant l'orientation

[17] http://fr.wikipedia.org/wiki/Diacre

du sujet conçu en abordant avant tout la définition des concepts.

DEFINITION DE CONCEPTS

Sous ce titre, nous allons tout d'abord nous intéresser à la définition de quelques termes que nous jugeons nécessaire dans cette réflexion.

Le diacre

Du grec « diaconos », ce mot signifie chez les écrivains classiques, domestique, subordonné, messager. C'est le sens de ce mot dans Matthieu 20 : 26 où il est traduit par serviteur pour le différencier de doulos, esclave (Matthieu 20 : 27, 23 : 11 ; Jean 2 : 5,9 ; Romains 13 : 4, 15 :8 ; 1 Corinthiens 3 : 5 ; 2 Corinthiens 6 : 4...). C'est un chrétien exerçant un ministère auxiliaire dans l'Eglise locale, et dont les qualités spirituelles et morales doivent correspondre à ce qu'expose 1Timothée 3 : 8-10.

Les sept hommes choisis pour secourir les veuves et les indigents de l'Eglise primitive étaient des diacres, bien que ce titre ne leur soit pas donné (Actes 6 : 1-6).[18] A la lumière de cette définition, le diacre est un chrétien né de nouveau et qui a des qualités bibliques requises pour servir dans une église.

Le verbe « servir »

Le verbe servir (diaconeô) est employé trente sept fois dans des sens différents. Il signifie d'abord servir à table (Marc 1 : 31, Luc 10 : 40 ; 17 : 8 ; Actes 6 :2). Il signifie aussi pourvoir au besoin d'une personne (Matthieu 4 : 11 ; 25 : 44 ; Marc 15 : 41 ; Luc 8 : 3). Il a aussi le sens d'accomplir de services dans une assemblée (2Timothée 1 : 18 ; Hébreux 6 : 10 ; 1 Pierre 4 : 10- 11). Paul emploie ce verbe en rapport la collecte pour les chrétiens de Jérusalem (Romains 15 : 25 ; 2 Corinthiens 8 : 19). Il est aussi utilisé pour parler de différents services spirituels comme l'annonce de la parole de

[18] Dictionnaire Biblique, révisé et augmenté « diacre »

Dieu (2 Corinthiens 3 : 3 ; 11 : 8 ; 1 Pierre 1 : 12). « Le terme diakoneô désigne toutes les formes du ministère, de l'apostolat au dernier échelon de l'échelle hiérarchique » (par exemple Actes 1 : 25 ; 1 Corinthiens 5 : 1). Jésus lui-même est venu pour servir (Marc 10 : 45, Luc 12 :37) donc son disciple doit le suivre sur cette voie (Luc 22 : 26-27 ; Jean 12 : 25-26)[19].

Le Diaconat

Le diaconat est un mot qui provient de latin diaconatus, qui est un dérivé du nom diaconus, lui-même emprunté au grec diakonos, qui signifie serviteur, servante. C'est la fonction même du diacre[20]. Celle-ci est appelée parfois diaconie. Elle la mise en œuvre de l'Evangile de Jésus-Christ à l'égard des pauvres, comme un témoignage personnel et communautaire et comme un service à l'égard de la personne et de la société. [21] La définition de ces différents vocables nous permet à connaître des personnes indiquées pour servir dans l'Eglise.

LA PAROISSE DIACONALE

PAROISSE : une communauté chrétienne organisée, une église locale

La paroisse diaconale : l'église servante, l'église dans laquelle tous les membres de la communauté doivent servir.

Qui doit servir dans l'Eglise, plus précisément dans notre dénomination ? Cette question aura sa réponse dans les Saintes Ecritures. Les quelques textes bibliques qui nous ont déjà servi des guides dans la définition des termes, nous offrent quelques orientations pour passer à l'étape suivante. Le diaconat institué dans l'Eglise pour résoudre des problèmes qui exigent de services à rendre aux gens marginalisés dans la communauté, selon d'Actes le chapitre 6. Selon la démarche biblique, il est d'abord

[19] Dictionnaire Biblique, révisé et augmenté « servir »
[20] http://dict.xmatiere.com/wiki/diacona.
[21] http://fr.wikipedia.org/wiki/Diaconie. http://fr.wikipedia.org/wiki/Diaconie

un service confié par les membres de la première communauté chrétienne à un groupe bien déterminé. Cette tâche apparemment circonscrite, est rendue un service mutuel qui doit être accompli par tous les vrais membres de l'Eglise. C'est la paroisse diaconale. La question, qui doit servir dans l'église ? Est une question assez profonde et fondamentale. Une bonne réponse à cette question apportera un changement important et positif dans une communauté chrétienne. La réponse à cette question est que tous les membres d'une église locale doivent servir conformément aux dons que chacun a reçus de Dieu. Clément LE COSSEC dans les livrets bibliques, le numéro 15, intitulé : la vocation de servir le Christ disait : « Les disciples de Jésus sont tous appelés à être des acteurs c'est-à-dire « des serviteurs » et « des servantes ». Il n'y a pas des figurants dans l'Eglise de Jésus-Christ.»[22] Il poursuit sa pensée en soulignant que « Tous les chrétiens ont la vocation de servir Jésus-Christ». L'Eglise est un corps vivant où chacun peut et doit servir le Christ. C'est comme une cruche où chacun a sa part d'activité. Tous les chrétiens ne sont pas appelés « au ministère de la Parole », mais chacun est appelé à servir le Seigneur « en mettant au service des autres le don qu'il a reçu (1 pierre 4 : 10).

Clément LE COSSEC a rapporté dans son livret le contenu de l'article que le Docteur Donald GEE a dédié à la jeunesse. Donald GEE donnant des conseils très pratiques suivants aux jeunes chrétiens : « Faites le bilan de vos propres possibilités de travail, en méditant sur la parabole de talents (Matthieu 25 : 14- 30). Demandez-vous ce que vous êtes capable de faire. Pourriez-vous enseigner ? Avez-vous quelque talent dans le domaine musical? Parlez-vous avec facilité l'expression ? Etes-vous doué pour écrire, pour apprendre des nouvelles langues ? Ou bien êtes-vous plus habiles dans le domaine des travaux manuels ?

Et vous n'avez aucun talent particulier, demandez-vous ce que vous aimeriez faire, vers quelle forme de service, votre cœur vous pousse particulièrement. Souvenez-vous que LE SEIGNEUR JESUS VOUS VEUT, VOUS, TOUT ENTIER. La consécration c'est de nous donner à lui tels que nous sommes et sans réserve aucune. C'est lui qui

---

22 http://www.clement-le-cossec.org/web_documents/15-livret_la_vocation_de_-servir_le__christ-.pdf

nous revêtira alors de sa puissance par le Saint-Esprit.

Ayez une vision élargie, embrassant tous les différents champs du service chrétien. Ne faites l'erreur si commune de considérer ce sous l'angle du pastorat ou de la mission en terre païenne.

Ces deux formes du ministère sont très spéciales et ne vous sont peut-être pas du tout destinées. Mais vous pouvez être tout aussi consacrés à quelque autre domaine. Quoiqu'il en soit que votre conception du service chrétien ne soit jamais limitée ou stéréotypée sur le modèle des autres. Souvenez-vous que beaucoup d'entre nous sont appelés à SERVIR LE SEIGNEUR dans le domaine efficace de la vie quotidienne. Parmi les éléments constructifs au sein de la famille et de la nation, il faut considérer les mères de famille vraiment consacrées dont le ministère consiste à conduire leur propre maisonnée, fidèlement, harmonieusement, jour après jour.

C'est très naturel, bien sûr, de sentir attiré par le sensationnel, les jungles lointaines de Pérou ou de la Nouvelle Guinée. La satisfaction profonde du cœur se trouve uniquement dans le chemin de la volonté de Dieu, quelque soit pour chacun de nous l'expression de cette volonté.

Tous les chrétiens devraient avoir le sentiment d'une vocation divine. Cela implique de réclamer les directives du Saint-Esprit, de se laisser guider par lui. »[23]

Le souci de Donald est à considérer. Sa réflexion se repose sur la Parole de Dieu qui enseigne que chaque chrétien qui a fait l'expérience de la nouvelle naissance, a un don qui lui est conféré par Dieu pour aider les autres membres de son corps. Son article est parlant et motivant. Nous devons en tant que ministre de la Parole, relever clairement ces choses et les transmettre à tous ceux qui sont à notre charge. La douleur que nous sentons actuellement est que beaucoup d'églises ne fonctionnent pas sur la base de sacerdoce universel. Bon nombre de chrétiens constituent de groupes de spectateurs. Le poids du service dans les églises tchadiennes repose sur les anciens, diacres, responsables des moments élus et les pasteurs. Ceux qui viennent seulement aux cultes

---

[23] http://www.clement-le-cossec.org/web_documents/15-livret_la_vocation_de_-servir_le__christ-.pdf

sans avoir une idée sur service quelconque à accomplir au sein de la communauté sont plus nombreux que ceux qui en ont. La Paroisse diaconale n'est pas bien développée dans l'Eglise au Tchad, d'une manière générale et en particulier dans l'Eglise Évangélique du Tchad où nous exerçons notre ministère d'enseignant dans une faculté de théologie. Il est maintenant de notre responsabilité de chercher à encourager les serviteurs de Dieu en formation à bien comprendre la paroisse diaconale. Nous chercherons aussi des opportunités pour enseigner cette vérité dans notre église locale. Nous devons explorer les domaines pratiques dans lesquels les gens peuvent s'engager pour servir leurs semblables. Il s'agit ici d'aider les gens à découvrir leurs dons spirituels afin de servir là où ils peuvent porter de fruits. Ivonne Carter en mettant l'accent sur l'importance de dons spirituels pour le développement d'une église, touche cette vérité :

Les dons spirituels sont des ingrédients essentiels pour bâtir une église qui grandit effectivement. La phrase clé est ''d'utiliser les gens là où ils le méritent". Si tous les chrétiens sont impliqués dans les activités de leurs églises en fonction de leurs dons spirituels, ils seront utilisés à exercer des ministères où ils sont les plus utiles. Des églises qui se développent ne peuvent pas se dissocier des chrétiens qui grandissent. Toutefois quand les chrétiens découvrent leurs dons, en connaissant la valeur, et s'en servent de manière appropriée, ils grandiront. Si les gens grandissent (croissance interne) alors l'église grandira (croissance externe).

Si les chrétiens ignorent leurs dons, ils ne peuvent pas servir efficacement dans l'Eglise et dans le monde. Cela serait une des causes de manque de croissance d'un grand nombre d'églises. Pour pallier à cette situation, il est un impératif pour tous les responsables d'églises de se consacrer sur l'essentiel. Cet essentiel consiste à s'investir sur les membres des églises en leur présentant des nouvelles perspectives. Celles qui encouragent le service selon les dons. Celles qui explorent les champs d'action pour y lancer les chrétiens pour leur permettre de rendre des services utiles et quotidiens aux membres du corps de Christ et au monde qui est exposé à la perdition éternelle. Parlant des domaines, plusieurs sont ceux qui sont accessibles et à la portée de tous. Nous voulons mentionner ici quelques uns :

Visites

Les visites sont un domaine large que l'Eglise est appelée à encourager en son sein. Elle doit les développer de manière à y impliquer aussi certains ses membres qui ne sont pas responsables. Car on constate dans nos églises au Tchad que les membres sont rarement impliqués dans les visites. Ces visites peuvent être orientées vers les prisonniers, les malades, les personnes âgées, les veuves et orphelins. Jésus nous a fait comprendre qu'il organisera son jugement sur la base de services que les uns et les autres doivent rendre aux enfants de Dieu et à tout être humain. Il a fait savoir son attention dans sa déclaration de Matthieu 25 en ce terme : « Lorsque le Fils de l'homme viendra dans sa gloire, avec tous les anges, il s'assiéra sur son trône de gloire. Toutes les nations seront assemblées devant lui. Il séparera les uns d'avec les autres, comme le berger sépare les brebis d'avec les boucs et mettra les brebis à sa droite et les boucs à sa gauche. Et le roi dira à ceux qui seront à droite : Venez, vous qui êtes bénis de mon Père ; recevez en héritage le royaume qui vous a été préparé dès la fondation du monde. Car……, j'étais malade et vous m'avez visité, j'étais en prison et vous êtes venus vers moi… » (Matthieu 25 : 36). Notre Maître par cette déclaration, attire l'attention de chaque communauté chrétienne sur l'importance de visite.

Les malades ont besoin de bien portants à coté d'eux, il suffit de faire un tour à l'hôpital pour se rendre compte de cette réalité. Pendant sept années de ministère pastoral auprès de malades, nous avons constaté que les malades veulent sentir la présence des chrétiens auprès d'eux. Un grand nombre de malades cherchent des occasions de partager ce qui les fait souffrir avec eux, leurs douleurs physique, moral et spirituel. Les chrétiens qui éprouvent de la joie de participer aux souffrances des malades doivent être encouragés à partir dans le monde de la maladie pour y être utiles. Ils peuvent être en bénédiction pour les malades. En allant dans ce monde de la santé, ils obéiront à l'ordre de Jésus. Celui-ci demande toujours à son Eglise de toutes les générations d'aller et non de rester. Les chrétiens qui ont le don pour la visite aux malades trouveront non seulement l'occasion avec les malades, ils vont aussi à la rencontre du personnel médical et paramédical pour l'encourager et partager l'Evangile avec lui. Cela nous rappelle le service que les femmes de charité dans une des régions du sud du Tchad font. Chaque année, ces femmes qui se trouvent dans une ville appelée Bebalem où est implanté l'hôpital évangélique qui appartient à l'Eglise Evangélique du Tchad, s'organisent en choisissant le mois de Novembre afin de rendre visite aux malades de cet hôpital. Elles se constituent en groupes pour aller au chevet de tous les malades hospitalisés pour les encourager et partager la Parole de Dieu avec eux. D'autres se mettent à nettoyer la cour de l'hôpital pour rendre l'environnement où vivent les malades propre. Dieu bénit leur service et permet que les âmes soient sauvées, les cœurs brisés soient guéris, les âmes affligées soient consolées.

Les visites dans les prisons doivent également entretenues par l'Eglise. Elle doit repérer les membres qui ont à cœur le service auprès des prisonniers pour les aider à rendre ce service avec dévouement. Nous devons chercher à les former afin de renforcer leurs capacités. Cela leur permet de savoir se prendre dans les milieux comme les prisons qui se composent des gens qui sont arrêtés injustement et ceux qui méritent les prisons. Comme les malades, les prisonniers sont exposés à la dépression, aux stress, etc. Privés de liberté, ce se sont ceux qui ont la liberté qui doivent aller vers eux afin d'appliquer cette parole de Jésus : « J'étais en prison et vous êtes venus vers moi ». Un prisonnier ne peut jamais venir vers l'Eglise, si celle-ci ne cherche pas le rejoindre dans cachot. L'apôtre Paul était particulièrement encouragé par l'église de Philippe. Cette église était la seule à comprendre la souffrance de Paul en envoyant Epaprhodite auprès de lui en prison. L'apôtre a trouvé un grand réconfort à travers ce service de l'Eglise. Recevoir une visite en prison est un bienfait inoubliable. Nous avons reçu des témoignages d'une des églises de notre dénomination qui a un ministère de visites aux prisonniers. Les responsables de cette église font remarquer que les prisonniers visités, une fois libérés, prennent la direction de l'église pour dire leur reconnaissance avant de regagner leurs domiciles ou leurs régions selon le cas. Certains ont dû abandonner leurs mauvaises voies pour se tourner vers le Seigneur.

Nous devons prier le Maître de la moisson d'envoyer des ouvriers appropriés pour moissonner en prison. Parmi les différents dons mentionnés par la Bible, il y a aussi le don d'exhortation ou d'encouragement.

Encouragement

Il n'est pas donné à tout le monde de prêcher, d'enseigner, de faire des miracles, de présider, de diriger les autres. Mais presque tous les membres d'une église peuvent encourager d'une manière ou d'une autre. Nous précisons notre pensée en disant ceci : l'encouragement n'est pas toujours verbal. Il est aussi caractérisé par le silence. La présence de l'autre à coté de celui qui échoue dans son projet, dans ses études ; qui connaît un deuil, etc. encourage. Presque tout le monde est capable de fortifier son prochain, son semblable. Si le taux suicides augmente dans le monde, parce que quelquefois les gens ont négligé leur tâche qui consiste à encourager l'autre à pouvoir supporter les moments difficiles qu'il est en train de traverser. L'Eglise doit développer le ministère d'encouragement en son sein pour aider à arrêter l'hémorragie interne créé par les blessures morales provenant des diverses circonstances de la vie. De nos jours, le manque d'un ministère approprié d'encouragement fait que des élèves et étudiants abandonnent les études après quelques échecs. Des personnes dont les partenaires sont décédés décident de ne plus se remarier sans avoir le don de célibat. Nous nous souvenons d'un frère en Christ bien engagé dans la foi chrétienne mais qui a perdu le courage après le décès de son épouse. Il a décidé dans son cœur de ne plus s'engager dans la vie du mariage sans le faire savoir à personne. Pourtant si Dieu n'a pas rappelé sa femme, il aimerait encore vivre la vie conjugale. C'est la circonstance qui l'a amené à cette décision. Cela ne veut pas dire qu'il n'aime pas une femme. Lorsqu'il a été encouragé par les amis, il a accepté de changer de décision. L'encouragement aide les gens à abandonner les mauvaises résolutions pour prendre celles qui sont bonnes. Si on développe bien ce ministère, nous allons avoir les personnes qui ont le visage rayonnant qui viennent au culte pour adorer avec quiétude. C'est une nécessité pour nous de mettre l'accent sur ce domaine de ministère qui peut absorber bien de gens.

Quand ils sont encouragés, ils peuvent s'engager dans d'autres tâches telles que les travaux manuels.

Travaux manuels

Les travaux manuels constituent un domaine large et offrent plusieurs possibilités aux enfants de Dieu de le servir. Le nettoyage de la cour et de l'intérieur du temple constitue un service à part entière. Nous devons chercher à susciter de vocation de quelques chrétiens dans ce sens pour qu'ils entretiennent ce ministère. C'est de les amener à prendre à cœur ce travail afin de donner de la propriété dans le lieu de culte. Le travail manuel c'est aussi aider dans la construction de bâtiments programmés par l'Eglise. Nous devons avoir un plan qui nous permet d'impliquer les ouvriers dans les travaux initiés par l'Eglise qui sont de leur domaine. Nous avons plein des architectes, des maçons, de charpentiers, des peintres, etc. dans nos églises qu'il faut les amener à faire fructifier leurs talents dans le corps de Christ. Nous reviendrons sur ces aspects quand nous allons aborder le deuxième devoir. Lorsqu'une église aide les membres à mettre en œuvre leurs talents, elle réduira ses dépenses et conservera ses moyens financiers pour des investissements qui durent éternellement, faire grandir le royaume de Dieu en formant et soutenant ceux qui ont des passions pour les âmes. En plus des travaux manuels, nous devons encourager certains fidèles à assurer certains services qu'ils peuvent rendre pendant le culte comme l'accueil.

L'accueil dans l'Eglise pendant le culte

L'accueil dans l'Eglise pendant le moment du culte au Tchad est un travail qui demande des femmes et hommes qui s'y connaissent et le font avec sourire aux lèvres. Il consiste à orienter les participants au culte dans des places qui conviennent pour laisser d'espaces pour les autres qui viennent après jusqu'à ce que le dernier qui vient au culte trouve une place pour s'asseoir afin d'adorer Dieu. Pour permettre de rendre efficace ce service, nous devons, après avoir donné un enseignement sur la paroisse diaconale, lancer un appel pour trouver ceux de l'église qui en ont le don afin de les former et de les mettre à ce service en leur confectionnant de tenue. Parce que tous ne sont pas doués pour accomplir ce service. Il y a des gens parmi les fidèles qui sont prêts à s'engager dans ce domaine. Donc il faut les repérer pour les mettre au travail.

En plus de cela, l'Eglise doit former les servants. Ceux-ci doivent s'occuper des visiteurs qui viennent à l'église. Ils auront la mission de pourvoir aux besoins des visiteurs et de servir les membres de l'église pendant les cérémonies organisées en son sein. L'Eglise est aussi souvent renfermée des gens qui exercent divers métiers liés à leurs professions. Ces personnes ont besoin d'une orientation pour être plus utile dans le corps de Christ. Nous avons des enseignants, des chrétiens qui travaillent dans les services de la santé, des hommes et femmes d'affaires, des juristes, des électriciens, des gens de service de sécurité, les sportifs, etc. Nous allons saisir toutes ces opportunités pour que les uns se mettent au service des autres.

Les enseignants par exemple, il faut les motiver à organiser un cours d'été aux élèves qui sont les membres de la communauté et des cours de soutiens aux élèves et étudiants qui sont en classe d'examen. Car cela sera une grande contribution dans la vie de jeunes chrétiens qui cherchent à réussir dans la vie. Généralement dans les établissements scolaires publics au Tchad, il y a souvent un nombre écrasant d'élèves et étudiants dans une salle de classe et dans les amphithéâtres. Cela ne permet pas aux élèves et étudiants de bien comprendre les cours dispensés. Si l'église crée de cadres dans lesquels ils doivent recevoir un encadrement supplémentaire, ils seront très heureux de ces soutiens. Ils se rendront compte que l'église prend en compte leurs besoins et qu'ils ont réellement leur place dans cette église. Ils témoigneront cela à leurs camarades qui ne sont peut être pas chrétiens. Ce qui ouvrira la porte pour l'annonce de l'Evangile.

Ces jeunes seront reconnaissants à l'Eglise qui est « la mère » qui pourvoit aux besoins de tous ses enfants sans distinction. Ils vont se mettre à leur tour au service des autres dans l'église. Ils seront prêts à faire certaines courses au nom de l'église.

Les femmes et hommes d'affaires, s'ils sont organisés, ils peuvent être très utiles à l'église. Ils peuvent orienter l'église dans l'achat des matériels durables, ils peuvent encadrer les nouveaux hommes et femmes d'affaires, ils peuvent soutenir des projets importants au sein de l'église. C'est une façon d'amener tous les membres de la paroisse à faire valoir leurs talents et dons. Ce que nous venons d'affirmer nous rappelle ce qui se fait dans une église francophone à Bunia, une ville située à l'Est de la République Démocratique du Congo. Cette église offre des occasions à ses membres des différentes professions de s'organiser en groupes pour le développement de la communauté en sorte que chacun sait ce qu'il doit donner comme contribution dans le corps de Christ comme exprimé ici : *« Nous avons des occasions de servir dans l'Église. L'un des buts de l'organisation de l'Église est de nous donner des occasions de nous aider les uns les autres. Les membres de l'Église servent en participant à l'œuvre missionnaire, en acceptant des postes de dirigeants, en rendant visite à d'autres membres de l'Église, en enseignant des cours et en faisant d'autres tâches dans l'Église. Dans l'Église de Jésus-Christ des Saints des Derniers Jours, il n'y a pas de clergé professionnel. Les membres bénévoles doivent donc assurer toutes les activités de l'Église. »*[24]

« Comme des pierres vivantes, édifiez-vous pour former un saint sacerdoce... » (1Pierre 1 :1).

« Vous êtes une race élue, un sacerdoce royal, une nation sainte, un peuple acquis, afin que vous annonciez les vertus de celui qui vous appelés des ténèbres à son admirable lumière» (1Pierre 2 : 5 et 9). A la lumière de ces deux textes, disons avec Clément LE COSSEC que « Tous les chrétiens sont donc prêtres, c'est-à-dire appelés à servir Jésus-Christ, à collaborer au sauvegarde de l'humanité pour laquelle Christ a donné sa vie.» Donc tous les membres ont une tâche, chacun, à accomplir et un service à rendre les uns aux autres. Ce service mutuel a comme fondement le service de Christ.

LE FONDEMENT DE SERVICE MUTUEL : LE SERVICE DE JESUS CHRIST

Le service que Christ a rendu est un élément qui constitue une base sur laquelle le

[24] https://www.lds.org/manual/gospel-principles/chapter-28-service?lang=fra

chrétien doit fonder son service. Jésus est le modèle parfait sur tous les points. Il donne des exemples dans les actions qu'il avait accomplies lorsqu'il était sur cette terre. Un des exemples les plus frappants qu'il a donnés est le lavement des pieds de ses disciples. « Servir, c'est aider des personnes qui ont besoin d'assistance. Le service chrétien découle de l'amour sincère pour le Sauveur et de l'amour et de la sollicitude pour les personnes qu'il nous donne l'occasion d'aider et pour qui il nous incite à le faire. L'amour est plus qu'un sentiment. Quand nous aimons les autres, nous voulons les aider[25]. »

Lors de la journée des diacres de l'Ile de Paris le 19 Mars 2011, Etienne Grieu sj dans son enseignement intitulé « le diaconat, suite de Christ Serviteur », relève les points qui doivent caractériser les disciples qui suivront la trace de Jésus dans l'offre du service mutuel :

- Une attitude marquée, par l'humilité
- Le don de soi est total, il va jusqu'au bout
- Une relation forte
- Le serviteur est envoyé
- Le service est une action
- Une action qui consiste à prendre soin des autres
- Traits associés aux fruits qui accompagnent la sortie de jeu de la compétition et l'entrée dans l'attitude du serviteur (confiance, paix, liberté, etc.)[26]

Jésus, connaissant, l'importance et la valeur de son geste de lavement des pieds, il décida d'accomplir son acte avant d'aller consentir son grand sacrifice pour eux et

---

[25] https://www.lds.org/manual/gospel-principles/chapter-28-service?lang=fra.

[26] HYPERLINK "http://www.evangile.ca/outils/Etudes/1Ti%203.8-13%20LES%20QUALIFICATIONS%20DU%20DIACRE.pdf" http://www.evangile.ca/outils/Etudes/1Ti%203.8-13%20LES%20QUALIFICATIONS%20DU%20DIACRE.pdf

pour l'humanité tout entière. L'apôtre Jean nous rapporte l'événement en ce terme :

« *Jésus, qui savait que le Père avait remis toutes choses entre ses mains, qu'il était venu de Dieu, et qu'il s'en allait à Dieu, se leva de table, ôta ses vêtements, prit un linge, dont il se ceignit. Ensuite il versa de l'eau dans un bassin, et il se mit à laver les pieds des disciples, et à les essuyer avec le linge dont il était ceint.... Après qu'il leur eut lavé les pieds, et qu'il eut pris ses vêtements, il se remit à table, et leur dit : comprenez-vous ce que je vous ai fait ? Vous m'appelez Maître et Seigneur, vous le faites bien ; et vous dites bien, car je le suis. Si donc je vous ai lavé les pieds, moi le Seigneur et Maître, vous devez aussi vous laver les pieds les uns aux autres ; car je vous ai donné un exemple, afin que vous fassiez comme je vous ai fait. En vérité, en vérité je vous le dis, le serviteur n'est pas plus grand que son seigneur, l'apôtre plus grand que celui qui l'a envoyé. Si vous savez ces choses, vous êtes heureux, pour vu que vous les pratiquiez.*» (Jean 13 :3-5, 12- 17).

Jésus, le Maître a lavé les pieds de ses serviteurs, ce qui ne fut pas habituel en Israël. Mais le Maître-Serviteur l'a fait afin de changer les donnes. Il a un objectif à atteindre à travers son acte, celui de donner un exemple à ses disciples de tout temps et de tout lieu. Le corps de Christ au Tchad n'est pas épargné par cette recommandation du Seigneur, « Car je vous ai donné cet exemple, afin que vous fassiez comme je vous ai fait». Lorsque Jésus avait prononcé sa prière dite sacerdotale, il a pris en compte les disciples de toutes les générations en prenant un échantillon qui était composé de ses premiers disciples. Jésus a procédé au lancement officiel d'un vaste chantier qui concerne le service mutuel en bouleversant les règles culturelles établies auxquelles tous ses disciples de toutes les nations appartiennent. Les disciples de Jésus qui sont au Tchad ont grandi dans la culture qui joue sur eux. Il est difficile aux hommes tchadiens de servir leurs femmes et leurs enfants. Devenus chrétiens mêmes, ils ont de la peine à se mettre au service de couches susmentionnées. Nous avons une grande responsabilité de conduire de telles personnes à considérer leur position en Christ au lieu de croupir sous le poids de leur culture. L'effort consisterait à organiser les enseignements appropriés à l'intention des hommes pour leur permettre de servir les autres y compris leurs femmes et enfants qui sont aussi les membres de l'Eglise. Car leurs épouses et enfants sont des frères et sœurs dans le Seigneur qui ont besoin de leur service. Ils doivent suivre l'exemple du Seigneur Jésus qui est prêt à rendre service à toutes les catégories de personnes. Il a dit à ses disciples : « laissez les enfants venir à moi.» il a écouté les doléances de la femme cananéenne. Il était préoccupé par les besoins spirituels de la femme samaritaine. Il lui a donné son temps. Il est celui qui se soucie des autres comme le fait remarquer cette déclaration :

Le but que je me propose aujourd'hui est de vous présenter le Seigneur Jésus comme le serviteur des besoins de son peuple. C'est dans ce caractère que nous le fait considérer la partie des Écritures ouverte devant nous. — Le Seigneur Jésus est le serviteur des besoins de l'âme dans chaque phase de la vie : dans la profondeur de notre ruine et de notre dégradation comme pécheurs, aussi bien que dans nos faiblesses et nos chutes comme rachetés ; et ceci jour après jour, jusqu'à ce qu'Il nous ait placés dans la gloire de son propre royaume. Même alors, son ministère envers nous n'aura pas pris fin ; car il est dit, dans Luc 12:37, qu'il se ceindra et nous servira dans la gloire. Ainsi son œuvre de serviteur s'étend au passé, au présent et à l'avenir, et correspond à toutes les périodes de notre histoire. Il nous a servis dans le passé, il nous sert aujourd'hui, et il nous servira dans l'avenir.[27]Si cela est ainsi, comment ceux qui lui appartiennent ne peuvent pas pratiquer les choses qu'il a faites. Dans le Seigneur, il y a ni femmes ni enfants ni hommes, nous sommes égaux devant Lui en matière du salut et du service que nous devons rendre les uns aux autres. Pour que le corps de Christ soit réellement corps de Christ, tous les membres doivent se mettre au service. Ce service doit être réciproque. A l'exemple du corps humain, les membres de ce corps se rendent service mutuellement. Les pieds acceptent de déplacer tout le reste du corps, les bras aident les pieds dans le déplacement du corps, les mains travaillent dur pour nourrir les autres parties du corps. La bouche et tout ce qui la comporte, les dents, la langue acceptent de bien mâcher la nourriture avant de la transférer dans l'estomac, celui-ci prend le soin de la transformer afin d'envoyer la substance dans

[27] http://www.bibliquest.org/CHM/CHM-Ministere_de_Christ.htm

tous les organes pour permettre à l'homme de vivre. Les yeux, le nez font également leur travail pour satisfaire les autres membres, etc. l'expression corps de Christ est très significative et les disciples de Jésus doivent en chercher le sens profond afin d'être dans la volonté de celui qui est leur Maître. Celui-ci a veillé sur sa vision qui consiste à faire de ses disciples des serviteurs et non les autorités de ce monde. Lorsque les disciples n'ont pas agi selon la philosophie du Seigneur, il les a toujours ramenés sur sa vision fondée sur le service mutuel. Quand il leur dit : « Vous savez que ceux qu'on regarde les chefs des nations les tyrannisent, et que les grands abusent de leur pouvoir sur elles. Il n'en est pas de même parmi vous. Mais quiconque veut être grand parmi vous ; sera votre serviteur ; et quiconque veut être le premier parmi vous, sera l'esclave de tous. Car le Fils de l'homme n'est pas venu, non pour être servi, mais pour servir et donner sa vie en rançon pour beaucoup. » Jésus a souligné clairement à ses disciples qu'ils ont comme tâches le service. La position qu'ils doivent occuper, c'est celle qui les amènera à servir les autres comme Christ les a servis a u point de donner sa vie en rançon. Le fondement du service de Christ est un amour profond. Sinon Lui dont la condition était celle de Dieu n'était pas obligé d'aimer l'homme au point de passer à la croix afin d'accomplir ses objectifs. Il a démontré son amour en vers l'homme en général et en vers ses disciples en particulier en passant par la croix. Il dit à ses disciples : « Il n'ya pour personne de plus grand amour que de donner sa vie pour ses amis. Vous êtes mes amis, si vous faites ce que je vous commande. » Et il ajoute : « Ce que je vous commande, c'est de vous aimer les uns les autres. »

Jésus est un grand pédagogue qui base son enseignement sur des exemples précis. Il est le Maître qui se met au devant de la scène. Il pose un acte avant de demander à ses disciples de faire. S'il ne les a pas aimés, son enseignement ne pourra pas avoir d'impact sur eux. Il est le Maître parfait qui invite ses élèves de suivre ses exemples. Comme je vous ai aimés, vous devez vous aimer les uns les autres. L'apôtre Jean exhorte ses auditeurs en ce terme : « Bien-aimés, aimons-nous les uns les autres ; car l'amour est de Dieu, et quiconque aime est né de Dieu et connaît Dieu. Celui qui n'aime pas n'a pas connu Dieu, car Dieu est amour. Voici comment l'amour a été manifesté en vers nous : Dieu a envoyé son Fils unique dans le monde afin que nous vivions par lui. Et cet amour consiste non pas en ce que nous avons aimé Dieu mais en ce qu'il nous a aimé et qu'il a envoyé son Fils comme victime expiatoire pour nos péchés. Bien aimés si Dieu nous a tant aimés, nous devons aussi, nous aimer les uns les autres. » (1 Jean 4 : 7-11).

« De *ce fait, nous sommes tous frères et sœurs car nous n'avons qu'un seul Père, Notre Père qui est aux cieux. C'est lui qui nous a aimés et nous a aussi choisit pour faire partie de son peuple, un peuple d'adorateurs. Dieu cherche des adorateurs vrais et sincères qui puissent l'adorer en Esprit et en Vérité. Aimons-nous les uns les autres, d'un amour inconditionnel et le monde verra que nous sommes enfants de Dieu. Nous devons donc nous aimer comme le Christ nous a aimés car nous sommes ses disciples. Que nous soyons noirs ou blanc, que nous soyons jaunes ou rouge, nous sommes tous frères et sœurs, car nous n'avons qu'un seul Père, notre Père Céleste qui est dans les cieux. Et il regarde à nos cœurs, et non à nos apparences, car il veut des cœurs purs, pour aimer comme il nous aime »* Dominique Dumont[28].

L'apôtre qui était un des témoins oculaires du sacrifice que Dieu a fait subir son Fils, ne peut rester indifférent. Il connaît la valeur et le but du sacrifice de Christ. Sa valeur est inestimable. Son but consiste à aimer ses amis et à aimer tous les siens. L'apôtre Jean comme son Seigneur, lance un vibrant appel à tous les disciples de Jésus-Christ en leur demandant de s'aimer les uns les autres. C'est en aimant l'autre qu'on peut lui accorder sa considération, qu'on peut lui rendre service. Aimer les autres et les servir sont les preuves que nous sommes les enfants de Dieu. Parce que les hommes de ce monde fondent leur amour sur des choses éphémères, ils servent les autres pour être servis, s'ils ne sont pas servis, ils cesseront de servir. Mais les disciples du Maître-serviteur, ont pour fonction le service. Chacun d'eux doit avoir comme tâche, le service. Ce service doit être offert d'une manière désintéressée. Si chaque croyant a le souci de rendre service aux autres, chacun doit être servi.

---

[28] http://www.topchretien.com/topmessages/view/10350/aimonsnous-les-uns-les-autres.html.

Les pratiques du monde nous poussent à aimer que ceux qui nous aiment, à servir rien que ceux qui nous servent. Mais la Bible nous commande de rendre simplement service aux autres membres du corps du Christ. Et nous devons chercher des occasions. Ces occasions sont multiples comme mentionné ci-dessous :

Nous avons beaucoup d'occasions de servir nos voisins, nos amis et même des inconnus. Si un voisin a du mal à finir de rentrer sa récolte avant l'orage, nous pouvons l'aider. Si une mère est malade, nous pouvons garder ses enfants ou faire du ménage. Si un jeune homme s'éloigne de l'Église, nous pouvons l'aider à y revenir. Si un enfant est l'objet de moqueries, nous pouvons nous lier d'amitié avec lui et persuader les autres d'être gentils. Nous n'avons pas besoin de connaître les gens que nous servons. Nous devrions chercher des moyens de servir autant d'enfants de notre Père céleste que possible. Si nous avons des talents particuliers, nous devons les utiliser pour servir autrui. Dieu nous accorde des talents et des capacités pour améliorer la vie des autres. Nous avons des occasions de servir dans l'Église. L'un des buts de l'organisation de l'Église est de nous donner des occasions de nous aider les uns les autres. Les membres de l'Église servent en participant à l'œuvre missionnaire, en acceptant des postes de dirigeants, en rendant visite à d'autres membres de l'Église, en enseignant des cours et en faisant d'autres tâches dans l'Église. Dans l'Église de Jésus-Christ des Saints des Derniers Jours, il n'y a pas de clergé professionnel. Les membres bénévoles doivent donc assurer toutes les activités de l'Église.[29] Chaque enfant de Dieu doit être sensible pour découvrir les besoins des autres afin d'être à leur service. Nous n'avons pas d'excuses à donner quand nous ne nous mettons pas au service des uns et des autres, parce que diverses occasions se présentent à nous. Nous nous rappelons d'un des numéros de cantique français qui dit : que nul ne dit que je ne puis rien lorsque Jésus nous commande d'aimer et de faire le bien. Jésus nous encourage à faire le bien, c'est-à-dire saisir des différentes occasions pour servir les frères et sœurs qui sont avec nous à l'Eglise et les autres que nous ne connaissons pas. La négligence de ce service a conduit Jacques, l'auteur de l'épître à dire un certain nombre des choses à l'intention

[29] https://www.lds.org/manual/gospel-principles/chapter-28-service?lang=fra

de ses frères et sœurs chrétiens. C'est dans ce sens que Jacques souligne : « Si un frère ou une sœur sont nus et manquent de la nourriture de chaque jour, que l'un d'entre vous leur dise : allez en paix, chauffez-vous et rassasiez-vous! Sans leur donner ce qui est nécessaire au corps, à quoi cela sert-il ? (Jacques 2 : 15-16).

L'apôtre Paul exhorte les chrétiens de Galatie en ce terme : « Ne nous lassons pas de faire le bien ; car nous moissonnerons au temps convenable, si nous ne nous relâchons pas. Ainsi pendant que nous en avons l'occasion, pratiquons le bien envers tous, surtout envers les frères en la foi. » (Galates 6 : 9-10). La leçon du service à rendre au prochain, est bien comprise par les auteurs du Nouveau Testament. Certains d'entre eux comme l'apôtre Paul l'ont pratiqué personnellement en suivant l'exemple de leur Maître, le Seigneur Jésus. En face des anciens de l'église d'Ephèse, l'apôtre Paul dit ceci : « Vous savez vous-même, que ces mains ont pourvu à mes besoins et à ceux de mes compagnons. En tout, je vous ai montré qu'il faut travailler ainsi, pour venir en aide aux faibles, et se rappeler les paroles du Seigneur Jésus, qui a dit lui-même : Il y a plus de bonheur à donner qu'à recevoir. » Si nous sommes chrétiens et que nous lisons le Nouveau Testament, nous devons imiter ceux qui nous ont précédé dans la foi pour pratiquer ce qu'ils ont pratiqué eux-mêmes en imitant le Maître. Nous devons tous être disposés à servir, quel que soient notre revenu, notre âge ou notre statut social. Certaines personnes croient que seuls les pauvres et les humbles doivent servir. D'autres pensent que seuls les riches devraient le faire. Mais Jésus a enseigné le contraire. Lorsque la mère de deux de ses disciples lui a demandé d'honorer ses fils dans son royaume, Jésus a répondu : « Quiconque veut être grand parmi vous, qu'il soit votre serviteur ; et quiconque veut être le premier parmi vous, qu'il soit votre esclave » (Matthieu 20:26-27).

Il y a de nombreuses manières de servir. Nous pouvons aider les autres économiquement, socialement, physiquement et spirituellement. Par exemple, nous pouvons donner de la nourriture ou d'autres choses aux personnes qui en ont besoin. Nous pouvons aider les personnes dans le besoin en faisant une offrande de jeûne généreuse. Nous pouvons nous lier d'amitié avec un nouveau venu. Nous pouvons cultiver le jardin d'une personne âgée ou prendre soin d'une personne malade. Nous pouvons enseigner l'Évangile à une personne qui a besoin de la vérité ou réconforter une personne qui a du chagrin.

Nous pouvons rendre de petits et de grands services. Nous ne devons jamais manquer d'aider quelqu'un sous prétexte que nous ne pouvons pas faire de grandes choses. Une veuve raconte l'histoire de deux enfants qui ont frappé à sa porte peu après qu'elle a déménagé dans une autre ville. Les enfants lui ont apporté un panier-repas accompagné d'un mot, qui disait : « Si vous voulez que quelqu'un fasse des courses pour vous, appelez-nous. » La veuve s'est réjouie de ce petit acte de gentillesse et ne l'a jamais oublié[30].

REFLEXION EN GROUPE

1. *Les dons spirituels sont des ingrédients essentiels pour bâtir une église qui grandit effectivement. La phrase clé est ''d'utiliser les gens là où ils le méritent''. Si tous les chrétiens sont impliqués dans les activités de leurs églises en fonction de leurs dons spirituels, ils seront utilisés à exercer des ministères où ils sont les plus utiles. Des églises qui se développent ne peuvent pas se dissocier des chrétiens qui grandissent. Toutefois quand les chrétiens découvrent leurs dons, en connaissant la valeur, et s'en servent de manière appropriée, ils grandiront. Si les gens grandissent (croissance interne) alors l'église grandira (croissance externe). Expliquez et commentez cette assertion. Puis comment pensez-vous prendre pour appliquer ce conseil dans votre vie et votre église locale ?*
2. *Faites une liste de 30 activités pour présenter aux membres de votre église locale et encouragez chacun à s'occuper au moins d'une des activités.*

[30] https://www.lds.org/manual/gospel-principles/chapter-28-service?lang=fra.

CONCLUSION

Nous voulons conclure notre réflexion en considérant les propos de Jean Bauberot. Jean Bauberot dans le dossier destiné à la préparation des débats synodaux des églises luthériennes et reformées de France, intitulé « Solidaires au nom de Jésus-Christ ! (Quand l'Eglise connaît sa vocation diaconale), oriente quelques réflexions théologiques sur l'engagement diaconal de l'Eglise :

L'engagement diaconal comme conséquence de la foi, dans la perspective de la justification par la grâce.

Si l'on pose comme fondement de la justification par la grâce, (je suis accepté/e par Dieu sans conditions), l'engagement diaconal peut être compris :

- Comme expression de la reconnaissance au Dieu qui nous accueille gratuitement, comme réponse à l'amour premier de Dieu. « Notre service n'a pas son origine en lui-même. Il est accueil du don de Dieu en Christ : réponse à l'amour reçu et pratique de la reconnaissance ».
- Comme imitation de Jésus, vie dans la suivance de Jésus (Bonhoeffer). « Notre service, c'est d'imiter Jésus qui s'est donné lui-même », disait une des contributions préparatoires à ces synodes.
- Comme expression de la vie nouvelle que Dieu suscite en ses fidèles, manifestation de l'agapé qu'il nous donne.
- Comme manifestation du salut reçu. Pour Calvin, la sanctification (une existence réglée sur les prescriptions bibliques) exprimé dans la vie quotidienne la réalité de la justification. A l'extrême, l'engagement au service des autres peut devenir une façon de se rassurer quant à la réalité de son salut, de (se) prouver que l'on fait bien partie des élus.

L'engagement diaconal comme manifestation du royaume

Plutôt que sur celui qui s'engage dans l'action de service, c'est sur le projet de Dieu pour l'humanité et pour chacun des humains que l'accent est placé dans cette approche, représentée par la figure du « Royaume de Dieu ».qui est central dans les évangiles synoptiques.

L'engagement diaconal comme témoignage rendu à l'Evangile

« Celui qui annonce la Parole sans entreprendre simultanément tout ce qui est possible qu'elle soit entendue ne satisfait pas à l'exigence qu'à la Parole d'être librement entendue sur un terrain propice. Il faut préparer le chemin à la Parole. Elle-même l'exige. Il n'est pas aisé à celui qui vit dans l'opprobre, l'abandon, la pauvreté, le dénuement, de croire à la justice et à la bonté de Dieu. Cette affirmation de Bonhoeffer traduit bien cette orientation. Celle-ci peut être déclinée de deux façons un peu différentes :

- L'action diaconale peut être comprise en elle-même comme une façon de manifester au bénéficiaire quelque chose de l'Evangile
- Elle peut être envisagée comme un préalable – comme un accompagnement- à une évangélisation explicite pour montrer en acte la vérité de la Parole que l'on prononce.

L'engagement diaconal comme reconnaissance et célébration de l'humain créé à l'image de Dieu

Par rapport aux approches précédentes, cette démarche signifie un changement de perspectives, puisque le regard porté sur celui qui est en difficulté qui en constitue le fondement. Il s'agit, à travers l'action diaconale, de manifester et d'inscrire dans la réalité quelque chose de cette proximité fondamentale entre l'homme et Dieu et de cette dignité que Dieu confère à chaque être humain. Cette approche peut s'appuyer sur les textes vétérotestamentaires (Genèse 1, Psaumes 8) qui voient en chaque humain un être créé à l'image de Dieu ou sur la parabole de jugement (Matthieu 25) qui reconnait aux « petits » la dignité de frères du Seigneur. Elle conduit aussi à souligner la fraternité qui unit tous les frères comme enfants du même père.

L'engagement diaconal comme source et nourriture de la foi :

A travers la rencontre des personnes en difficulté, l'aidant peut être amené à cheminer dans la foi au Dieu « qui a choisi les choses faibles du monde pour confondre les fortes (1Corinthiens 1 : 27). Car la rencontre avec les 'petits', les 'fragiles', ouvre à des expériences fondamentales qui mettent en mouvement et qui, pour le chrétien, renouvellent la foi.[31]

De tout ce qui précède, nous disons que la paroisse diaconale doit être une préoccupation de responsables des églises. Ils doivent l'enseigner et encourager sa pratique pour permettre aux chrétiens de s'en approprier.

---

[31] http://www.eglise-protestante-unie-grenoble.org/entraide/Solidaires-1.pdf

Bibliographie

Auque Hubert et Levain Claude (2001). La Rencontre à l'hôpital, l'aumônerie en questions.

BRANDT, Pierre-Yves et Besson, Jacques (2016). Spiritualité en milieu hospitalier.

Célestin Kiki. Les centres confessionnels de santé : quels enjeux à travers l'histoire.

DINGAMTOUDJI, M. (**2006**).La femme ngambaye (Tchad) dans la société précoloniale, Paris, L'Harmattan.

DJEKAOUSSEM, Doumi (2009). La place de l'aumônerie dans les œuvres médicales : cas de l'aumônerie du Centre Médical Evangélique Nyankunde.

GRUENAIS, Marc – Eric (2004). Les qualités de l'offre de soins confessionnelle en Afrique Subsaharienne.

Habib S. KAANICHE (2005). L'accompagnement spirituel en milieu hospitalier.

HAUERWAS, Stanley M. L approche chrétienne de l'accompagnement des handicapés physiques et mentaux in les Cahiers de l'Ecole Pastorale Hors-série N°10.

HOUTART, François. L'action sanitaire des églises dans le tiers monde, ses fonctions dans l'institution religieuse et dans la société in Eglise et Santé dans le tiers monde Hier et Aujourd'hui.

LETAKAMBA PALUKU, Jacques. La place de la pastorale de la santé dans l'Evangélisation en République Démocratique du Congo.

LUBROCK, Stuart. L'onction aux malades in les cahiers de l'Ecole pastorale 4e trimestre 2011 N°82.

MARTIN, Bernard(1963). Veux-tu guérir. Genève : Labor et Fides.

NADJITAM, Valentin, La mobilisation des ressources financières internes au centre hospitalier de Bébalem. Mémoire pour l'obtention du diplôme de l'ENA cycle III, 2011-2013.

NERADE, Giscard (2014). Les déterminants de la pratique de la planification familiale au Tchad à partir de la population Ngambaye de Ngourkosso.

NICOLAS, Charles. L'accompagnement pastoral de malades et des mourants in les Cahiers de l'Ecole Pastorale du 3e trimestre 2012 N°85, p29.

NIWEMUGIZI Séverine. La Viabilité du Ministère de la Guérison et de Services de Santé de l'Eglise Catholique. « Le rôle de l'Eglise dans l'offre de services sociaux pour la promotion de la Justice, de la Paix et de la Réconciliation, c'est avec une attention particulière pour la santé ». (Conférence Episcopale de la Tanzanie du 25-27 Juin 2007).

PIRROTE, Jean. Mission et Santé du 19e s à nos jours enjeux et stratégies in Eglise et Santé dans le tiers monde Hier et Aujourd'hui.

SEEWALD, Thierry. L'accueil des personnes handicapées in les Cahiers de l'Ecole Pastorale 2016 du 1e semestre N°99, p41.

VEARY, Florence(2014). Nos véritables enfants.

VEARY, Victor (2014). Les chrétiens du Logone.

Table des matières

Printed by Books on Demand GmbH, Norderstedt / Germany